Mitarbeitermotivation – treffend verpackt

Springer Fachmedien Wiesbaden GmbH
(Hrsg.)

Mitarbeitermotivation – treffend verpackt

Über 800 Zitate ausgewählter Persönlichkeiten

4. Auflage

 Springer Gabler

Hrsg.
Springer Fachmedien Wiesbaden GmbH
Wiesbaden, Deutschland

ISBN 978-3-658-31664-8   ISBN 978-3-658-31665-5   (eBook)
https://doi.org/10.1007/978-3-658-31665-5

Die Deutsche Nationalbibliothek verzeichnet diese Publikation in der Deutschen National-bibliografie; detaillierte bibliografische Daten sind im Internet über http://dnb.d-nb.de abrufbar.

Springer Gabler ist ein Imprint der eingetragenen Gesellschaft Springer Fachmedien Wiesbaden GmbH und ist ein Teil von Springer Nature.
Die Anschrift der Gesellschaft ist: Abraham-Lincoln-Str. 46, 65189 Wiesbaden, Germany

INHALT

EHRGEIZ

Der Wert eines Mannes bemisst sich an dem Wert seines Ehrgeizes.

Marc Aurel

Ehrgeiz: ein übermächtiges Verlangen, von seinen Feinden bei Lebzeiten geschmäht und von seinen Freunden nach seinem Tode verlacht zu werden.

Ambrose Bierce

Der Ehrgeiz ist für die Seele, was der Hunger für den Geist ist.

Ludwig Börne

Mache niemals kleine Pläne; sie haben nicht die Macht, die Menschen zu begeistern, und werden vielleicht gar nicht wahrgenommen. Mache immer große Pläne; strebe nach großen Hoffnungen und Taten und denke daran, dass ein großer Entwurf niemals vergessen wird.

Daniel H. Burnham

Der Ruhm, wie alle Schwindelware, hält selten über tausend Jahre.

Wilhelm Busch

© Springer Fachmedien Wiesbaden GmbH, ein Teil von Springer Nature 2020
Springer Fachmedien Wiesbaden GmbH (Hrsg.), *Mitarbeitermotivation – treffend verpackt*,
https://doi.org/10.1007/978-3-658-31665-5_1

Matthias Claudius	Aus nichts wird nichts, das merke wohl, wenn aus dir was werden soll.
Marie von Ebner-Eschenbach	Wo die Eitelkeit anfängt, hört der Verstand auf.
Marie von Ebner-Eschenbach	Die Willenskraft der Schwachen heißt Eigensinn.
Ralph Waldo Emerson	Ohne Ehrgeiz wird man nichts beginnen. Ohne Bemühen wird man nichts beenden. Der Sieg wird dir nicht nachgeworfen. Du musst Ihn erringen. Derjenige, der weiß wie, wird immer Arbeit haben. Derjenige, der auch weiß warum, wird immer sein eigener Chef sein.
Benjamin Franklin	Zufriedenheit ist der Stein der Weisen: Zufriedenheit wandelt in Gold, was immer sie berührt.
Johann Wolfgang von Goethe	Was gelten soll, muss wirken und muss dienen.
Johann Wolfgang von Goethe	Den Gipfel im Auge wandern wir gerne in der Ebene.
Johann Wolfgang von Goethe	Hätt Allah mich bestimmt zum Wurm, so hätt er mich als Wurm erschaffen.
Johann Wolfgang von Goethe	Die Tat ist alles, nichts der Ruhm.
Balthasar Gracián y Morales	Alles hat heutzutage seinen Gipfel erreicht, aber die Kunst sich geltend zu machen, den höchsten.

Die Menschen haben viele absonderliche Tugenden erfunden, aber die absonderlichste von allen ist die Bescheidenheit. Das Nichts glaubt dadurch etwas zu werden, dass es bekennt: ich bin nichts!

Christian Friedrich Hebbel

Wer Großes will, muss sich zu beschränken wissen, wer dagegen alles will, der will in der Tat nichts und bringt es zu nichts.

Georg Wilhelm Friedrich Hegel

Die Ruhmlosen haben gewiss recht, wenn sie von Bescheidenheit predigen. Es ist ihnen ja so leicht, diese Tugend auszuüben.

Heinrich Heine

Besser beneidet als bedauert.

Herodot

Begehren von Amt und Vorrecht ist Ehrgeiz.

Thomas Hobbes

Wir sind nichts. Was wir suchen, ist alles.

Friedrich Hölderlin

Ein Denkmal habe ich mir gesetzt, dauernder als Erz.

Horaz

Der Mensch muss das Gute und Große wollen, das Übrige hängt vom Schicksal ab.

Alexander von Humboldt

Das recht ernstliche Streben ist halbes Erreichen.

Karl Wilhelm von Humboldt

Ehrgeiz ist nur geadelte Eitelkeit.

Jerome K. Jerome

Immanuel Kant	Wer sich zum Wurm macht, soll nicht klagen, wenn er getreten wird.
Jean de La Bruyère	Ehrgeiz heißt die Leidenschaft, die alle anderen Leidenschaften imZaume hält.
François de La Rochefoucauld	Man hat aus der Bescheidenheit eine Tugend gemacht, um den Ehrgeiz großer Männer einzuschränken und um die Mittelmäßigkeit über ihr geringes Glück und ihr geringes Verdienst zu trösten.
François de La Rochefoucauld	Die Eitelkeit ist die größte aller Schmeichlerinnen.
François de La Rochefoucauld	Edelmut ist nur verkappter Ehrgeiz, der die kleinen Vorteile verachtet, um größeren nachzugeben.
Walter Savage Landor	Ehrgeiz ist Habsucht auf Stelzen und maskiert.
Abraham Lincoln	Denke immer daran, dass deine eigene Entschlossenheit zu siegen wichtiger ist als alles andere.
Niccolò Machiavelli	Da, wo der Wille groß ist, können die Schwierigkeiten nicht groß sein.
Friedrich Nietzsche	Jedermann hat gerade so viel Eitelkeit, als es ihm an Verstand fehlt.
Friedrich Nietzsche	Das Hauptelement des Ehrgeizes ist, zum Gefühl seiner Macht zu kommen.

Blinder Eifer schadet nur.

Ovid

Eifer ist Begeisterung, gemildert durch Vernunft.

Blaise Pascal

Eitelkeit ist darum so schwer abzulegen, weil man sie, unter allen Lastern allein, den ganzen Tag genießen kann.

Jean Paul

Jeder Mensch glaubt, er sei der wichtigste, der beste; aber nur der Narr und der Dummkopf haben den Mut, es auszusprechen.

Jean Paul

Arbeit ohne Ehrgeiz bringt Misserfolg.

Friedrich Karl Peltzer

Das, was der Mensch den Kampf ums Dasein nennt, ist nichtsanderes, als der Kampf um den Aufstieg.

Bertrand Russell

Wenn der Leib zu Staub zerfallen, lebt der große Name noch.

Friedrich Schiller

Aller Eigensinn beruht darauf, dass sich der Wille an die Stelle derErkenntnis gesetzt hat.

Arthur Schopenhauer

Ein Zirkel nur im Wasser ist der Ruhm, der niemals aufhört sich selbst zu erweitern, bis die Verbreitung ihn ins Nichts zerstreut.

William Shakespeare

Der Eigensinn bekennt den Unverstand.

Sophokles

Sophokles	Eigensinn und Dummheit sind Zwillinge.
Sprichwort	Ehre und Profit haben nicht im selben Sack Platz.
Jonathan Swift	Ehrgeiz veranlasst die Menschen oft, die niedrigsten Dienste zu verrichten: so wird ihr Klettern zum Kriechen.
Leo N. Tolstoi	Es gibt keine Größe, wo nicht Schlichtheit, Herzensgüte und Wahrhaftigkeit vorhanden sind.
Mark Twain	Halte dich von Leuten fern, die deinen Ehrgeiz schmälern wollen. Kleine Leute tun das immer, aber die wirklich großen Leute lassen dich fühlen, dass auch du groß werden kannst.
Vauvenargues	Ruhmsucht beweist ebenso sehr unsere Anmaßung als die Unsicherheit über unseren Wert.
Voltaire	Die Ehrgeizigen und die Wollüstigen haben nur selten Zeit zu denken.
Oscar Wilde	Ehrgeiz ist die letzte Zuflucht des Misserfolgs.

EHRLICHKEIT UND MORAL

Lüge nie, denn du kannst ja doch nicht behalten, was du alles gesagt hast.

Konrad Adenauer

Arbeite freudig und ruhig in der Gewissheit, dass rechte Gedanken und rechtes Tun unweigerlich rechte Resultate hervorbringen.

James Lane Allen

Besser ist es, hinkend auf dem rechten Weg zu gehen, als mit einem festen Schritt abseits.

Augustinus

Die Achtung vor deinem eigenen Selbst ist zunächst der Religion der stärkste Damm gegen alle Laster.

Francis Bacon

© Springer Fachmedien Wiesbaden GmbH, ein Teil von Springer Nature 2020
Springer Fachmedien Wiesbaden GmbH (Hrsg.), *Mitarbeitermotivation – treffend verpackt*,
https://doi.org/10.1007/978-3-658-31665-5_2

Honoré de Balzac	Unser Gewissen ist ein unfehlbarer Richter, solange wir es nichtgemeuchelt haben.
Honoré de Balzac	Hinter jedem großen Vermögen steckt ein Verbrechen.
Charles Baudelaire	Für einen Kaufmann ist sogar Ehrlichkeit eine finanzielle Spekulation.
Charles Baudelaire	Vollkommene Aufrichtigkeit ist der Weg zur Originalität.
Samuel Beckett	Moralisten sind Menschen, die sich dort kratzen, wo es andere juckt.
Jeremy Bentham	Die Moral ist nichts als die Regulierung des Egoismus.
Josh Billings	Es gibt viele Menschen, die ihre Einbildungskraft mit ihrem Gedächtnis verwechseln.
Ludwig Börne	Man kann nicht immer ehrlich sein, es ist nur dumm, sich's merken zu lassen.
William Jennings Bryan	Niemand kann ehrenvoll eine Million Dollar verdienen.
Wilhelm Busch	Das Gute – dieser Satz steht fest – ist stets das Böse, was man lässt.
Wilhelm Busch	Der Beste muss mitunter lügen, zuweilen tut er's mit Vergnügen.

Was ist Ehre? Was mich aufrecht hält.   *Albert Camus*

Die Unredlichen und die Dummen kommen in der Welt   *Nicolas*
immer besser fort als die Ehrlichen und Klugen. Es fällt *Chamfort*
ihnen leichter, mit der von Unredlichkeit und Dummheit
beherrschten Gesellschaft Schritt zu halten.

Ziehe einen Verlust einem unehrlichen Gewinn vor; das   *Chilon*
eine bringt augenblicklich Schmerzen mit sich, das
andere für alle Zeit.

Das Vermögen soll durch Mittel erworben werden, die von   *Cicero*
Unsittlichkeit frei sind. Erhalten aber soll man es durch
Genauigkeit und Sparsamkeit.

Die Freiheit besteht darin, dass man alles tun kann, was *Matthias*
einem anderen nicht schadet.   *Claudius*

Betrüge nicht; du hast nicht Rast Noch Ruh, wenn du   *Matthias*
betrogen hast.   *Claudius*

Nichts wird so sehr für Übertreibung gehalten wie die   *Joseph Conrad*
nackte Wahrheit.

Wie nützlich ist die Kunst, zur rechten Zeit zu lügen!   *Pierre Corneille*

Betrug ist die Huldigung, welche die Gewalt der Vernunft *George William*
darbringt.   *Curtis*

Die Wahrheit soll man sagen und dabei nicht viel Worte   *Demokrit*
machen.

Denis Diderot	Das Böse ist das, was mehr Nachteile als Vorteile, und das Gute, was mehr Vorteile als Nachteile hat.
Denis Diderot	Der erste Schritt zur Wahrheit ist der Zweifel.
Marie von Ebner-Eschenbach	So weit deine Selbstbeherrschung geht, so weit geht deine Freiheit.
Albert Einstein	Kein Ziel ist so hoch, dass es unwürdige Methoden rechtfertigt.
Ralph Waldo Emerson	Je lauter er von seiner Ehre redete, umso schärfer passten wir auf unsere Löffel auf.
Ralph Waldo Emerson	Alle halten die Gesellschaft für klüger als ihre Seele und wissen nicht, dass eine Seele – ihre Seele – weiser ist als alle Welt.
Wolfram von Eschenbach	Man sagt, der Hölle Glut vermeidet, wer Armut wegen Treue leidet.
Euripides	Die Zeit entlarvt den Bösen.
François de Fénélon	Man ist nie scharfsinniger, als wenn es darauf ankommt, sich selbst zu täuschen und seine Gewissensbisse zu unterdrücken.
Theodor Fontane	Unsere Prinzipien dauern gerade so lange, bis sie mit unseren Leidenschaften oder Eitelkeiten in Konflikt kommen, und ziehen dann jedes Mal den Kürzeren.

Das, was wir ein böses Gewissen nennen, ist immer ein gutes Gewissen. Es ist das Gute, was sich in uns erhebt und uns bei uns selber verklagt.

Theodor Fontane

Was einer nicht öffentlich tun darf, soll er auch heimlich nicht tun.

Friedrich der Schöne von Österreich

Ein Heuchler ist für sich selbst Bogenschütze und Ziel zugleich; mit all seinem Tun zielt er nach Eigenlob oder Gewinn.

Thomas Fuller

Das Gerücht ist eine halbe Lüge.

Thomas Fuller

Ein guter Mensch in seinem dunklen Drange ist sich des rechten Weges wohl bewusst.

Johann Wolfgang von Goethe

Ein Stein im Sumpf wirft keine Ringe.

Johann Wolfgang von Goethe

Denn das selbständige Gewissen
Ist Sonne deinem Sittentag.

Johann Wolfgang von Goethe

Das Erste und das Letzte, was vom Genie gefordert wird, ist Wahrheitsliebe.

Johann Wolfgang von Goethe

Edel sei der Mensch, Hilfreich und gut! Denn das allein Unterscheidet ihn von allen Wesen, Die wir kennen.

Johann Wolfgang von Goethe

Jedem redlichen Bemühn sei Beharrlichkeit verliehn.

Johann Wolfgang von Goethe

Johann Wolfgang von Goethe	Zwei Seelen wohnen, ach, in meiner Brust, die eine will sich von der andern trennen.
Daniel Goeudevert	Wenn wir es schaffen, Moral und Ethik in unser wirtschaftliches Handeln mit einzubeziehen, werden wir noch größeren Erfolg haben.
Oliver Goldsmith	Die Ehre sinkt wo der Handel lange herrscht.
Christian Friedrich Hebbel	Niemand spricht eine Wahrheit aus, die er nicht mit einem Irrtum verzollen müsste.
Christian Friedrich Hebbel	Das Gewissen ist die Wunde, die nie heilt und an der keiner stirbt.
Georg Wilhelm Friedrich Hegel	Ethik: eine Naturbeschreibung der Tugenden.
Heraklit	Die Grenzen der Seele wirst du nicht finden, auch wenn du alle Wege durchwanderst. So tiefen Grund hat sie.
Herodot	Wenn du lügen musst, da lüge.
Alfred Herrhausen	Wir müssen sagen, was wir denken, müssen tun, was wir sagen, und müssen sein, was wir tun.
Alexander von Humboldt	Der Mensch muss das Gute und das Große wollen.
Thomas Jefferson	Ehrlichkeit ist das erste Kapitel im Buch der Weisheit.

Geh auf die Straße, halte einem Menschen eine Predigt über Moral, einem anderen gib einen Groschen, und dann schau, welcher vonbeiden dich am meisten respektiert.

Samuel Johnson

Das strengste Gericht ist das eigene Gewissen. Hier wird kein Schuldiger freigesprochen.

Juvenal

Gewissen: das Bewusstsein eines inneren Gerichtshofes des Menschen.

Immanuel Kant

Gewissenlosigkeit ist nicht Mangel des Gewissens, sondern der Hang, sich nicht an dessen Urteil zu kehren.

Immanuel Kant

Die Ehre eines Mannes besteht in der Schätzung seiner selbst, die des Weisen im Urteile anderer.

Immanuel Kant

Die Pflicht gegen sich selbst besteht darin, dass der Mensch die Würde der Menschheit in seiner eigenen Person bewahre.

Immanuel Kant

Wahrheit steht am Anfang des Vertrauens. Je echter die Wahrheit, umso kürzer der Weg zur Verständigung.

Sören Kierkegaard

Wer aufrichtig ist, dem vertraut das Volk.

Konfuzius

Zu wissen, was richtig ist, und es nicht zu tun, ist die schlimmste Form der Feigheit.

Konfuzius

Ehre und Konvention sind die Bausteine der Gesellschaft, die Lüge ist der Kitt.

Karl Kraus

François de La Rochefoucauld	Wir sind viel strenger zu Leuten, die uns in kleinen Dingen betrügen, als zu denen, die andere in großen Dingen betrügen.
François de La Rochefoucauld	Die erworbene Ehre ist eine Kaution für jene, die man noch erwerben muss.
Johann Caspar Lavater	Ordnungsliebe führt zu strenger Gerechtigkeitsliebe.
Comte Giacomo Leopardi	Der Betrug ist sozusagen die Seele des gesellschaftlichen Lebens und der Kunst, ohne die in Wahrheit keine Kunst und kein Talent, wenn man die Menschen im Auge hat, vollkommen ist.
Gotthold Ephraim Lessing	Oh man ist verzweifelt wenig, wenn man weiter nichts ist als ehrlich.
Gotthold Ephraim Lessing	Wir handeln alle nach dem Maße unserer Einsicht und Kräfte.
Gotthold Ephraim Lessing	Alle Arten, sein Brot zu verdienen, sind einem ehrlichen Manne gleich anständig; Holz spalten oder am Ruder des Staates sitzen. Es kommt seinem Gewissen nicht darauf an, wie viel er nützt, sondern wie viel er nützen wollte.
Georg Christoph Lichtenberg	Ordnung führt zu allen Tugenden. Was aber führt zur Ordnung?
Georg Christoph Lichtenberg	Die gefährlichsten Wahrheiten sind Wahrheiten, mäßig entstellt.

Nur der Betrug entehrt, der Irrtum nie.

Georg Christoph Lichtenberg

Keines Menschen Gedächtnis ist so gut, dass er ständig erfolgreich lügen kann.

Abraham Lincoln

Moralische Prinzipien sind eine weniger feste Verpflichtung als finanzielle Interessen.

Abraham Lincoln

Die Übertreibung ist der Betrug der ehrlichen Leute.

Comte Joseph Marie de Maistre

Das Recht ist ein zeitlich Ding, das zuletzt aufhören muss; aber das Gewissen ist ein ewig Ding, das nimmermehr stirbt.

Martin Luther

Eure Rede aber sei: Ja, ja; nein, nein. Was darüber ist, ist vom Übel.

Matthäus 5, 37

Gewissen ist die innere Stimme, die uns warnt, dass jemand zuschauen könnte.

Henry Louis Mencken

Ein Mensch hat normalerweise zwei Gründe für sein Handeln: einen guten Grund und einen wahren Grund.

John Pierpont Morgan

Die sicherste Art, arm zu bleiben, ist, ein ehrenvoller Mensch zu sein.

Napoleon Bonaparte

Die einfachste Art, sein Wort zu halten, ist, es nicht zu geben.

Napoleon Bonaparte

Friedrich Nietzsche	Furcht: die Mutter der Moral.
Friedrich Nietzsche	Gewissensbisse erziehen zum Beißen.
Novalis	Bosheit ist nichts als eine Gemütskrankheit.
Paulus	Jeder Mensch ist ein Lügner.
Philipper 4, 8	Auf alles, was wahr istwas würdig, was gerecht, was rein, was liebenswürdig, was dem Rufe dient, was immer es an Tugendundwas immer es an Lob gibt, darauf richtet euer Sinnen.
Platon	Ehrlichkeit ist meist weniger profitabel als Unehrlichkeit.
Platon	Vom Schönen und Weisen und Guten nähren sich und an diesen wachsen die Flügel der Seele. Am Hässlichen und Bösen welken sie und fallen ab.
Quintilian	Ein Lügner muss ein gutes Gedächtnis haben.
Wilhelm Raabe	Wer Unheil ausbrütet, wird es auch fliegen lassen.
Pinarius Rufus	Ut sementem feceris, ita metes. (Wie du gesät hast, wirst du ernten.)
Louis-Antoine Léon de Saint-Just	Man kann nicht unschuldig regieren.

Ein inneres Merkmal der Handlungen von moralischem Wert ist, dass sie eine gewisse Zufriedenheit mit sich selbst zurücklassen, kein Lohn dafür angenommen wird, und dass sie den Beifall der unbeteiligten Zeugen hervorrufen.

Arthur Schopenhauer

Die vollkommenste Lüge ist der gebrochene Vertrag.

Arthur Schopenhauer

Die Motive bestimmen nicht den Charakter des Menschen, sondern nur die Erscheinung dieses Charakters, also die Taten.

Arthur Schopenhauer

Es ist besser, hohe Grundsätze zu haben, die man befolgt, als noch höhere, die man außer Acht lässt.

Albert Schweitzer

Ethik ist ins Grenzenlose erweiterte Verantwortung gegenüber allem, was lebt.

Albert Schweitzer

Was das Gesetz nicht verbietet, verbietet der Anstand zu tun.

Seneca

Zwei Dinge verleihen der Seele am meisten Kraft: Vertrauen auf die Wahrheit und Vertrauen auf sich selbst.

Seneca

Aus Gefälligkeit werden weit mehr Schurken als aus schlechten Grundsätzen.

Johann Gottfried Seume

Ehrlich sein heißt – wie es in dieser Welt hergeht – ein Auserwählter unter Zehntausenden sein.

William Shakespeare

William Shakespeare	Kein Vermächtnis ist so wertvoll wie Ehrlichkeit.
William Shakespeare	Im Überfluss zu sündigen, ist schlimmer als Lüg' aus Not, und Falschheit zeigt sich böser im König als im Bettler.
Sirach 8, 2	Viele schon hat das Geld gewissenlos gemacht.
Sydney Smith	Ich habe niemals von einem Unternehmen Rechtmäßigkeit erwartet. Ein Unternehmen hat keine Seele, die es verlieren könnte, und keinen Körper, den man treten könnte.
Sophokles	Es ist besser, in Ehren zu versagen als durch Betrug erfolgreich zu sein.
Sophokles	An bösen Taten lernt sich fort die böse Tat.
Sprüche 10, 2	Schätze, durch Unrecht erworben, nützen nichts.
Sprüche 16, 8	Besser wenig mit Gerechtigkeit als großes Einkommen mit Unrecht.
Sprüche 19, 1	Besser ein Armer, der unsträflich handelt, als ein Reicher, der krumme Wege geht.
Ludwig Tieck	Sei immer redlich, wenn du auch betrogen wirst; denn das ist der Probierstein des Wackeren, dass er selten auf redliche Menschen trifft und doch sich selber gleich bleibt.

Feigheit ist der wirksamste Schutz gegen die Versuchung.   *Mark Twain*

Pacta sund servanda.   *Ulpian*
(Verträge müssen eingehalten werden.)

Jede kleine Ehrlichkeit ist besser als eine große Lüge.   *Leonardo da Vinci*

Gewissen und Feigheit sind dieselben Dinge. Gewissen ist   *Oscar Wilde*
der Handelsname der Firma. Das ist alles.

ERFAHRUNG

Die Erfahrungen sind wie Samenkörner,
aus denen die Klugheit emporwächst.

Konrad Adenauer

Erfahrung ist der Anfang aller Kunst und jeden Wissens.

Aristoteles

Für große Erfahrung ist eine Sache notwendig:
eine wahrnehmender Geist.

Walter Bagehot

Erfahrung ist das, was uns enthüllt, dass wir die Irrtümer
der Jugend gegen die des Alters aufgegeben haben.

Ambrose Bierce

Erfahrung vermehrt unsere Weisheit,
verringert aber nicht unsere Torheiten.

Josh Billings

Erfahrung ist der beste Lehrmeister.
Nur das Schulgeld ist teuer.

Thomas Carlyle

© Springer Fachmedien Wiesbaden GmbH, ein Teil von Springer Nature 2020
Springer Fachmedien Wiesbaden GmbH (Hrsg.), *Mitarbeitermotivation – treffend verpackt*,
https://doi.org/10.1007/978-3-658-31665-5_3

*Samuel Taylor
Coleridge* Für die meisten Menschen ist Erfahrung nichts anderes als das Hecklicht eines Schiffes, das nur die Spur beleuchtet, die es bereits hinter sich gelassen hat.

*Marie von
Ebner-
Eschenbach* Die Summe unserer Erkenntnisse besteht aus dem, was wir gelernt, und aus dem, was wir vergessen haben.

*Marie von
Ebner-
Eschenbach* Vieles erfahren zu haben, heißt noch nicht Erfahrung besitzen.

*Marie von
Ebner-
Eschenbach* Alt werden, heißt sehend werden.

Henry Ford Ganz oben auf der Liste meiner Erfahrungen steht die Erkenntnis, dass man unangenehmen Dingen nicht einfach aus dem Weg gehen kann.

*Harold S.
Geneen* In der Geschäftswelt wird jedermann mit zwei Währungen bezahlt: Geld und Erfahrungen. Nimm zuerst die Erfahrungen, das Geld kommt dann später.

*Johann
Wolfgang von
Goethe* Begriff ist Summe, Idee, Resultat der Erfahrung; jene zu ziehen, wird Verstand, diese zu erfassen, Vernunft erfordern.

*Johann
Wolfgang von
Goethe* Erfahrung ist fast immer eine Parodie auf die Idee.

*Christian
Friedrich
Hebbel* Der Mensch gerät in große Gefahr, wenn er seine einseitig gewonnene Erfahrung zum alleinigen Maßstab seines Urteils und zum Prinzip seines Handelns macht.

Erfahrung ist nicht das, was einem zustößt. Erfahrung ist das, was man aus dem macht, was einem zustößt.

Aldous Leonard Huxley

Kluge Menschen suchen sich selbst die Erfahrungen aus, die sie machen wollen.

Aldous Leonard Huxley

Erfahrung ist eine verstandene Wahrnehmung.

Immanuel Kant

Der Mensch hat dreierlei Wege, klug zu handeln; erstens durch Nachdenken, das ist der Edelste, zweitens durch Nachahmen, das ist der Leichteste, und drittens durch Erfahrung, das ist der Bitterste.

Konfuzius

Wir gleiten ganz neu in die verschiedenen Lebensalter, und wir ermangeln oft der Erfahrung, ungeachtet der Zahl der Jahre.

François de La Rochefoucauld

Das kleinste Kapitel eigener Erfahrung ist mehr wert als Millionen fremder Erfahrung.

Gotthold Ephraim Lessing

Der aus Büchern erworbene Reichtum fremder Erfahrung heißt Gelehrsamkeit. Eigene Erfahrung ist Weisheit.

Gotthold Ephraim Lessing

Ein einziger Dorn der Erfahrung ist einen ganzen Wald von Warnungen wert.

James Russell Lowell

Wenn man genug Erfahrung gesammelt hat, ist man zu alt, um sie auszunutzen.

William Somerset Maugham

Michel de Montaigne	Es ist nicht genug, die Erfahrungen zu zählen: man muss sie auch wägen und ordnen. Man muss sie verdauen und erwägen, damit man aus ihnen die Gründe und Schlüsse ziehen kann, die aus ihnen zu ziehen sind.
Novalis	Wenn die Theorie auf die Erfahrung warten sollte, so käme sie nie zustande.
José Ortega y Gasset	Der Fortschritt besteht nicht darin, das Gestern zu zerstören, sondern seine Essenz zu bewahren, welche die Kraft hatte, das bessere Heute zu schaffen.
Marcel Proust	Die wirkliche Entdeckungsreise besteht nicht darin, nach neuen Landstrichen zu suchen, sondern neue Augen zu haben.
Publilius Syrus	Niemand weiß, was er kann, bis er es probiert hat.
Publilius Syrus	Dies diem docet. (Der eine Tag lehrt den anderen.)
Quintilian	Fast überall sind Regeln weniger wirksam als Erfahrungen.
Auguste Rodin	Nichts ist Zeitverschwendung, wenn du die Erfahrung weise nutzt.
Friedrich Schiller	Einfachheit ist das Resultat der Reife.
Arthur Schopenhauer	Kein Geld ist vorteilhafter angebracht als das, um welches wir uns haben prellen lassen; denn wir haben dafür unmittelbar Klugheit eingehandelt.

Weise Lebensführung gelingt keinem Menschen durch Zufall. Man muss, solange man lebt, lernen, wie man leben soll.

Seneca

Erfahrung wird durch Fleiß und Müh' erlangt.

William Shakespeare

Quod supra nos, nihil ad nos.
(Was über unser menschliches Erkennen hinausgeht, hat keine Bedeutung für unsere Lebensführung.)

Sokrates

Verurteile keinen, ehe Du in seiner Lage warst.

Talmud

Homo sum. Humani nihil a me alienum puto.
(Ich bin Mensch. Nichts Menschliches, glaube ich, ist mir fremd.)

Terenz

Erfahrung heißt gar nichts. Man kann seine Sache auf 35 Jahre schlecht machen.

Kurt Tucholsky

Erfahrungen vererben sich nicht – jeder muss sie allein machen.

Kurt Tucholsky

Als ich vierzehn war, war mein Vater so unwissend, dass ich es kaum ertragen konnte, den alten Mann um mich zu haben. Aber als ich einundzwanzig war, war ich erstaunt, wie viel er in nur sieben Jahren gelernt hatte.

Mark Twain

Wer eine Katze am Schwanz trägt lernt etwas, was er auf keine andere Weise lernen kann.

Mark Twain

Rahel Varnhagen von Ense	Wir machen keine neuen Erfahrungen. Aber es sind immer neue Menschen, die alte Erfahrungen machen.
Leonardo da Vinci	Erfahrung ist die gemeinsame Mutter aller Wissenschaften und Künste.
Leonardo da Vinci	Hüte Dich vor den Lehren jener Spekulanten, deren Überlegungen nicht von der Erfahrung bestätigt sind.
Voltaire	Alle Menschen sind klug – die einen vorher, die anderen nachher.
H. G. Wells	Erfahrungen sammeln heißt Fehler begehen.
Oscar Wilde	Erfahrung ist der Name, den jedermann seinen Fehlern gibt.
Walter Wriston	Richtige Entscheidungen sind das Ergebnis von Erfahrung, und Erfahrung ist das Ergebnis von falschen Entscheidungen.

FÄHIGKEITEN

Seine Trefflichkeit, welcher Art sie auch sei, ungehindert üben zu können, ist das eigentliche Glück.

Aristoteles

Der Experte ist ein Spezialist, der über etwas alles weiß und über alles andere nichts.

Ambrose Bierce

Ultra posse nemo obligatur.
(Über sein Können hinaus wird niemand verpflichtet.)

nach Bonifatius

Das einzige unersetzliche Kapital, das eine Organisation besitzt, ist das Wissen und die Fähigkeiten seiner Mitarbeiter. Die Produktivität dieses Kapitals hängt davon ab, wie effektiv die Mitarbeiter ihre Kompetenzen mit denen teilen, denen sie nützen.

Andrew Carnegie

Mit fünfundzwanzig kann jeder Talent haben. Mit fünfzig Talent zu haben, darauf kommt es an.

Edgar Degas

© Springer Fachmedien Wiesbaden GmbH, ein Teil von Springer Nature 2020
Springer Fachmedien Wiesbaden GmbH (Hrsg.), *Mitarbeitermotivation – treffend verpackt*,
https://doi.org/10.1007/978-3-658-31665-5_4

Demokrit	Es werden mehr Menschen durch Übung tüchtig als durch Naturanlage.
René Descartes	Cogito, ergo sum. (Ich denke, also bin ich.)
Marie von Ebner-Eschenbach	Was nennen Menschen am liebsten dumm? Das Gescheite, das sie nicht verstehen.
Marie von Ebner-Eschenbach	Das Talent zu beherrschen, täuscht oft über den Mangel an anderen Talenten.
Epiktet	Wenn du gut sein willst, dann nimm zuerst an, dass du schlecht bist.
Euripides	Die Übung ist in allem beste Lehrerin den Sterblichen.
Ludwig Feuerbach	... aber was der Mensch nicht aus sich selbst erkennt, das erkennt er gar nicht.
Ludwig Feuerbach	Mäkeln und Tadeln sind bei vielen der Trost für ungenügendes Verständnis.
Johann Gottlieb Fichte	Der Mensch kann, was er soll; und wenn er sagt: »Ich kann nicht«, so will er nicht.
Baltasar Gracián y Morales	Nicht alle seine Fähigkeiten und Kräfte soll man sogleich und bei jeder Gelegenheit anwenden.

Gaben, wer hätte sie nicht?
Talente – Spielzeug für Kinder;
Erst der Ernst macht den Mann; erst der Fleiß das Genie.

Theodor Fontane

Erfolg besteht darin, dass man genau die Fähigkeiten hat,
die im Moment gefragt sind.

Henry Ford

Wenn die Fähigkeit, hart zu arbeiten, kein Talent ist, dann
ist sie der beste Ersatz dafür.

James A. Garfield

Jede, auch die geringste Fähigkeit, wird uns angeboren,
und es gibt keine unbestimmte Fähigkeit.

Johann Wolfgang von Goethe

Gegenüber der Fähigkeit, die Arbeit eines einzigen Tages
sinnvoll zu ordnen, ist alles andere im Leben ein Kinder-
spiel.

Johann Wolfgang von Goethe

Ein wirklich großes Talent ist nicht irrezuleiten und nicht
zu verderben.

Johann Wolfgang von Goethe

Es hört doch jeder nur, was er versteht.

Johann Wolfgang von Goethe

Ihr seid auch Männer, wisset eure Axt
Zu führen, und dem Mutigen hilft Gott!

Johann Wolfgang von Goethe

Unsere Wünsche sind Vorgefühle der Fähigkeiten, die in
uns liegen, Vorboten desjenigen, was wir zu leisten
imstande sein werden.

Johann Wolfgang von Goethe

Fleiß und Talent: ohne beide ist man nie ausgezeichnet,
jedoch in höchstem Grade, wenn man sie in sich vereint.

Baltasar Gracián y Morales

Peter der Große	Ich würde dir die Hälfte meines Reiches geben, damit du mich lehren würdest, die andere Hälfte zu regieren!
Christian Gottlob Leberecht Grossmann	Können ist nichts anderes als Nutzen bieten können.
Gerhart Hauptmann	Sobald jemand in einer Sache Meister geworden ist, sollte er in einer neuen Sache Schüler werden.
William Hazlitt	Schlauheit ist eine Kunst, eigene Fehler zu verbergen und die Schwächen anderer bloßzulegen.
William James	Das Merkmal wirklichen Genies ist einfach, die Welt auf ungewöhnliche Art wahrzunehmen.
Immanuel Kant	Ich kann, weil ich will, was ich muss.
Charles Knight	Man braucht die Fähigkeit, Fehler zu machen. Man kann nicht Innovationen schaffen, wenn man nicht gewillt ist, Irrtümer zu akzeptieren.
Konfuzius	Eine größere Gabe als die Fähigkeit zum Maßhalten kann der Himmel keinem schenken.
Jean de La Bruyère	Man kann es auf zweierlei Art zu etwas bringen: durch eigenes Können und durch die Dummheit der anderen.
Laotse	Dinge wahrzunehmen ist der Keim der Intelligenz.

Die Kunst, mittelmäßige Fähigkeiten richtig zu verwenden, erschleicht sich Anerkennung und verleiht oft mehr Ansehen als das wahre Verdienst.

François de La Rochefoucauld

Die Natur schafft die Begabung, und das Schicksal hebt sie heraus.

François de La Rochefoucauld

Man soll den Wert eines Menschen nicht nach den großen Eigenschaften betrachten, die er hat, sondern nach dem Gebrauch, den er von ihnen macht.

François de La Rochefoucauld

Es ist leichter, der Ämter würdig zu erscheinen, die man nicht besitzt, als derer, die man bekleidet.

François de La Rochefoucauld

Es ist eine große Schlauheit, seine Schlauheit verbergen zu können.

François de La Rochefoucauld

Man kann schlauer sein als ein anderer, nicht aber als alle andern.

François de La Rochefoucauld

Es gibt schlechte Eigenschaften, die große Talente machen

François de La Rochefoucauld

Die sichere Überzeugung, dass man könnte, wenn man wollte, ist Ursache an manches guten Kopfes Untätigkeit und das nicht ohne Grund.

Georg Christoph Lichtenberg

Es gibt Schwärmer ohne jede Fähigkeit, und darum wirklich gefährlich.

Georg Christoph Lichtenberg

Es ist immer besser, dass ein Amt geringer ist als die Fähigkeiten.

Georg Christoph Lichtenberg

Georg Christoph Lichtenberg	Es gibt Leute, die glauben, alles wäre vernünftig, was man mit einem ernsthaften Gesicht tut.

John Locke — Es gibt fast keine Eigenschaft, welche nicht durch den Mangel an Lebensart in ein nachteiliges Licht gestellt oder verunstaltet werden sollte. Sogar Tugend und Talente sind, obgleich man ihnen das verdiente Lob nicht versagen kann, noch nicht hinreichend, einem Manne eine gute Aufnahme zu verschaffen und ihn allenthalben willkommen zu machen.

Gaius Lucilius — Non omnia possumus omnes.
(Nicht alles können wir alle.)

Napoleon Bonaparte — Fähigkeiten sind nichts ohne Möglichkeiten.

Friedrich Nietzsche — Die Meisterschaft ist dann erreicht, wenn man sich in der Ausführung weder vergreift noch verzögert.

Novalis — Mit der richtigen Bildung unseres Willens geht auch die Bildung unseres Könnens und Wissens einher.

Friedrich Oetinger — Herr, gib mir Gelassenheit, Dinge hinzunehmen, die ich nicht ändern kann; gib mir den Mut, Dinge zu verändern, die ich zu ändern vermag, und gib mir die Weisheit, das eine vom anderen zu unterscheiden.

Ovid — Reichen die Kräfte nicht aus, so ist doch der Wille zu loben.

Man soll die Fähigkeiten eines Menschen nicht nach seinen Anstrengungen, sondern nach seinen alltäglichen Leistungen messen.

Pascal

Die Welt ist voll brauchbarer Menschen, aber leer an Leuten, die den brauchbaren Mann anstellen.

Johann Heinrich Pestalozzi

Wenn sie dich fragen, ob du die Aufgabe erledigen kannst, sag ihnen:»Natürlich kann ich das!«. Dann fang an zu arbeiten und finde heraus, wie du es tun kannst.

Theodore Roosevelt

Was gibt es Törichteres, als von seinen eigenen guten Eigenschaften bezaubert, von seinen Verdiensten entzückt zu sein?

Erasmus von Rotterdam

Ich hab' hier bloß ein Amt und keine Meinung.

Friedrich Schiller

Früh übt sich, was ein Meister werden will.

Friedrich Schiller

Bescheidenheit bei mittelmäßiger Fähigkeit ist bloße Ehrlichkeit.
Bei großen Taten ist sie Heuchelei.

Arthur Schopenhauer

Nicht wollen ist der Grund, nicht können nur ein Vorwand.

Seneca

Wo die Natur nicht will ist die Arbeit umsonst.

Seneca

Die Übung kann fast das Gepräge der Natur verändern.

William Shakespeare

Sirach 5, 1   Verlass dich nicht auf dein Vermögen und sage nicht: »Es
steht in meiner Macht!«

Adam Smith   Sich in einem Berufe auszuzeichnen, in dem nur wenige
es bis zur Mittelmäßigkeit bringen, ist das entscheidende
Kennzeichen für das, was Genie oder hervorragendes
Talent genannt wird.

Leonardo da   Wer nicht kann, was er will, muss das wollen, was er kann.
Vinci   Denn das zu wollen, was er nicht kann, wäre töricht.

FEHLER

Irren ist menschlich, aber es ist gegen die Unternehmens-
politik.

Anonymus

Menschlich war es zu irren, teuflisch ist es,
leidenschaftlich im Irrtum zu verharren.

Augustinus

Ein Fehltritt ist noch kein Laster.

*Honoré de
Balzac*

Große Genies machen keine Fehler. Sie haben das Privileg
der Unmäßigkeit in jedem Sinn des Wortes.

*Charles
Baudelaire*

Die beste Methode, einen Narren von seinem Irrtum zu
überzeugen, besteht darin ihn seine eigenen Dummheiten
ausführen zu lassen.

Josh Billings

Die Irrtümer eines großen Geistes sind belehrender als
die Wahrheiten eines kleinen.

Ludwig Börne

© Springer Fachmedien Wiesbaden GmbH, ein Teil von Springer Nature 2020
Springer Fachmedien Wiesbaden GmbH (Hrsg.), *Mitarbeitermotivation – treffend verpackt*,
https://doi.org/10.1007/978-3-658-31665-5_5

Wilhelm Busch	Dumme Gedanken hat jeder, aber der Weise verschweigt sie.
Nicolas Chamfort	Man muss die Dummheiten zu begehen wissen, die unser Charakter von uns verlangt.
Sir Winston Churchill	Ein kluger Mann macht sich nicht alle Fehler selber. Er gibt auch anderen eine Chance.
Sir Winston Churchill	Es ist ein großer Vorteil im Leben, die Fehler, aus denen man lernen kann, möglichst früh zu begehen.
Cicero	Jeder Mensch kann irren. Im Irrtum verharren wird nur der Tor.
Denis Diderot	Wenn man einen falschen Weg einschlägt, verirrt man sich umso mehr, je schneller man geht.
Benjamin Disraeli	Es steht schlimm um einen Menschen, an dem man nicht einen einzigen sympathischen Fehler entdecken kann.
Marie von Ebner-Eschenbach	Viele Leute glauben, wenn sie erst einen Fehler eingestanden haben, brauchen sie ihn nicht mehr abzulegen.
Marie von Ebner-Eschenbach	Wir sind leicht bereit, uns selbst zu tadeln. Unter der Bedingung, dass niemand einstimmt.
Benjamin Franklin	Die ganz Schlauen sehen um fünf Ecken und sind geradeaus blind.

Man lässt sich seine Mängel vorhalten, man lässt sich strafen, man leidet manches um ihrer willen mit Geduld; aber ungeduldig wird man, wenn man sie ablegen soll.

Johann Wolfgang von Goethe

Aus Vorsatz hast Du nie, aus Leichtsinn stets gefehlt.

Johann Wolfgang von Goethe

Es irrt der Mensch, so lang er strebt.

Johann Wolfgang von Goethe

Die Irrtümer des Menschen machen ihn gelegentlich liebenswürdig.

Johann Wolfgang von Goethe

Von Natur besitzen wir keinen Fehler, der nicht zur Tugend, keine Tugend, die nicht zum Fehler werden könnte.

Johann Wolfgang von Goethe

Dumm ist nicht, wer eine Dummheit begeht; sondern wer sie nachher nicht zu bedecken versteht.

Baltasar Gracián y Morales

Narren sind alle, die es scheinen, und die Hälfte derer, die es nicht scheinen.

Baltasar Gracián y Morales

Jeder Irrtum hat drei Stufen; auf der Ersten wird er ins Dasein gerufen, auf der Zweiten will man ihn nicht eingestehen, auf der Dritten macht nichts ihn ungeschehen.

Franz Grillparzer

Wir sind gegen die Fehler an Anderen intoleranter, als welche die Karikatur unserer eigenen sind.

Franz Grillparzer

Wer tiefer irrt, der wird auch tiefer weise.

Gerhart Hauptmann

Johann Peter Hebel	»Einmal ist keinmal.« Dies ist das erlogenste und schlimmste unter allen Sprichwörtern, und wer es gemacht hat, der war ein schlechter Rechnungsmeister und ein boshafter.
Alfred Herrhausen	Die meisten Fehler machen Unternehmen, wenn es ihnen gut geht, nicht, wenn es schlecht geht.
Hieronymus	... weil sowohl geirrt zu haben menschlich ist als auch den Irrtum einzugestehen klug.
Horaz	Niemand wird ohne Fehler geboren; der beste ist der, den die kleinsten drücken.
Horaz	Wenn wir fehlerfrei wären, würden wir nicht so viel Vergnügen daran finden, Fehler an anderen festzustellen.
Victor Hugo	Grobe Fehler werden oft, wie dicke Seile, aus einer Vielzahl dünner Fäden gemacht.
Lee Iacocca	Fehler sind ein Bestandteil des Lebens; man kann sie nicht vermeiden.
Thomas Jefferson	Vertagung ist dem Fehler vorzuziehen.
Joseph Joubert	Um in der Welt Erfolge zu haben, braucht man Tugenden, die beliebt, und Fehler, die gefürchtet machen.

Irrtümer entspringen nicht allein daher, weil man gewisse Dinge nicht weiß, sondern weil man sich zu urteilen unternimmt, obgleich man doch nicht alles weiß, was dazu erfordert wird.

Immanuel Kant

Fehler – auch bei der Kapitalanlage – sind nützlich, aber nur, wenn man sie schnell findet.

John Maynard Keynes

Es ist nicht schlimm, wenn man manchmal falsch liegt – besonders, wenn man es sofort feststellt.

John Maynard Keynes

Wer sich seiner Fehler schämt, macht sie zu Verbrechen.

Konfuzius

Wer einen Fehler gemacht hat und nicht korrigiert, begeht einen Zweiten.

Konfuzius

Kritisiere nicht der anderen Fehler, sondern deine eigenen.

Konfuzius

Menschen irren, aber nur große Menschen erkennen ihren Irrtum.

August von Kotzebue

Nichts erfrischt unser Blut so sehr, wie wenn es uns gelungen ist, eine Dummheit zu vermeiden.

Jean de La Bruyère

Alle Fehler, die man hat, sind verzeihlicher als die Mittel, welche man anwendet, um sie zu verbergen.

François de La Rochefoucauld

Von allen unseren Fehlern erklären wir uns am meisten mit der Faulheit einverstanden.

François de La Rochefoucauld

François de La Rochefoucauld	Wenn wir keine Fehler hätten, würden wir nicht mit so großem Vergnügen Fehler an anderen entdecken.
François de La Rochefoucauld	Kein Ereignis ist so unglücklich, dass kluge Leute nicht irgendeinen Vorteil daraus zögen, und keines so unglücklich, dass es ein Dummkopf nicht zu seinem Nachteil kehren könnte.
François de La Rochefoucauld	Das beste Mittel, um getäuscht zu werden, ist, sich für schlauer zu halten als andere.
François de La Rochefoucauld	Wir gestehen unsere kleinen Fehler nur, um damit zu überzeugen, dass wir keine großen haben.
François de La Rochefoucauld	Wenn wir keine Fehler hätten, würden wir nicht so viel Vergnügen daran finden, solche bei den andern zu entdecken.
Johann Caspar Lavater	Zu erkennen, dass man sich geirrt hat, ist ja nur das Eingeständnis, dass man heute schlauer ist als gestern.
Georg Christoph Lichtenberg	Nur der Betrug entehrt, der Irrtum nie.
Georg Christoph Lichtenberg	Jeder Fehler erscheint unglaublich dumm, wenn andere ihn begehen.
Georg Christoph Lichtenberg	Viele Menschen sehen die Tugend mehr im Bereuen der Fehler als im Vermeiden.

Überdies wird man dadurch nicht besser, dass man seine Fehler verbirgt, vielmehr gewinnt unser moralischer Wert durch die Aufrichtigkeit, mit der wir sie gestehen.

Georg Christoph Lichtenberg

Es braucht weniger Zeit, eine Sache richtig zu machen, als zu erklären, warum du sie falsch gemacht hast.

Henry Wadsworth Longfellow

Derjenige, der keine Fehler macht, macht normalerweise gar nichts.

William Connor Magee

Lieber Fehler riskieren als Initiative verhindern.

Reinhard Mohn

Wenn es zwei oder mehr Möglichkeiten gibt, etwas zu tun, und wenn eine dieser Möglichkeiten zu einer Katastrophe führt, dann wird sich irgendjemand für genau diese Möglichkeit entscheiden.

Edward A. Murphy

Es ist wichtig, die Fehler zuzugeben, bevor sie einem vorgeworfen werden.

John Ogilvy

Ich wähle jederzeit den fruchtbaren Fehler, voller Samen, zerberstend von den eigenen Korrekturen. Deine unfruchtbare Wahrheit kannst du für dich behalten.

Vilfredo Pareto

Die schlimmsten Fehler werden gemacht, in der Absicht, einen begangenen Fehler wieder gutzumachen.

Jean Paul

Ist es aber zu viel verlangt, deinen inneren Menschen völlig makellos zu machen, so musst du dich durch scharfe Zucht wenigstens der am meisten wuchernden und auffälligsten Fehler entledigen.

Plutarch

Publilius Syrus	Die Gott verderben will, schlägt er zuvor mit Wahnsinn.
Walther Rathenau	Wenn du Menschen beurteilst, so frage nicht nach den Wirkungen, sondern nach den Ursachen der Fehler, die sie machen.
Bertrand Russell	Wer wirklich Autorität hat, wird sich nicht scheuen, Fehler zu begehen.
Friedrich Schiller	Mit der Dummheit kämpfen Götter selbst vergebens.
Friedrich Schlegel	Vieles, was Dummheit scheint, ist Narrheit, die gemeiner ist, als man denkt. Narrheit ist absolute Verkehrtheit der Tendenz, gänzlicher Mangel an historischem Geist.
Helmut Schmidt	Wenn man einen Fehler gemacht hat, muss man sich fragen, ob man ihn nicht sofort zugeben soll. Leider wird einem das als Schwäche angekreidet.
Arthur Schopenhauer	Wie man das Gewicht seines eigenen Körpers trägt, ohne es, wie doch das jedes fremden, den man bewegen will, zu fühlen; so bemerkt man nicht die eigenen Fehler und Laster, sondern nur die der andern.
Seneca	Aliena vitia in oculis habemus, a tergo nostra sunt. (Fremde Fehler sehen wir, die unsrigen aber nicht.)
Samuel Smiles	Weisheit erlangen wir viel eher aus Fehlern als aus Erfolgen; wir finden oft heraus, was wir tun sollten, wenn wir herausfinden, was wir nicht tun sollten; und vielleicht hat der, der nie einen Fehler gemacht hat, auch nie eine Entdeckung gemacht.

Es ist nicht schlimm, einen Fehler zu machen. Es ist nur schlimm, einen Fehler zweimal zu machen.

Sprichwort

Der Ärzte Fehler werden mit Erde zugedeckt, die der Reichen mit Geld.

Sprichwort

Wer keinen Schaden tragen kann, dem wachsen oft die Schäden an.

Gottfried von Straßburg

Ein Mann sollte sich niemals schämen, zuzugeben, dass er einen Fehler gemacht hat, denn das heißt ja nur, in anderen Worten, dass er heute weiser ist als gestern.

Jonathan Swift

Erfahrung heißt gar nichts. Man kann seine Sache auf 35 Jahre schlecht machen.

Kurt Tucholsky

Wer eine Katze am Schwanz trägt lernt etwas, was er auf keine andere Weise lernen kann.

Mark Twain

Ein Schaden ist gut, der zwei Vorteile gewinnt.

Walther von der Vogelweide

Der Drang eines Flusses zum Meer ist nicht so kraftvoll wie der des Menschen zum Fehler.

Voltaire

Erfahrungen sammeln heißt Fehler begehen.

H. G. Wells

Wenn man Fehler gemacht hat, bezeichnet man das selber als »Erfahrungen sammeln".

Oscar Wilde

Wenn die Menschen nie dumme Dinge tun würden, würde auch nie etwas Intelligentes getan werden.

Ludwig Wittgenstein

ENTSCHLOSSENES HANDELN

Es ist immer Zeit für einen neuen Anfang.

Konrad Adenauer

Der eine wartet, dass die Zeit sich wandelt, der andere packt sie kräftig an und handelt.

Dante Alighieri

Was man lernen muss, um es zu tun, das lernt man, indem man es tut.

Aristoteles

Gute Gesinnung allein, wenngleich sie Gott wohlgefällig ist, hat für die Allgemeinheit wenig mehr Wert als gute Träume, es sei denn, dass sie in Handlungen umgesetzt werden.

Francis Bacon

In heiklen und unerquicklichen Dingen ist es empfehlenswert, jemand anders, dessen Worte weniger ins Gewicht fallen, den Anfang machen zu lassen.

Francis Bacon

© Springer Fachmedien Wiesbaden GmbH, ein Teil von Springer Nature 2020
Springer Fachmedien Wiesbaden GmbH (Hrsg.), *Mitarbeitermotivation – treffend verpackt*,
https://doi.org/10.1007/978-3-658-31665-5_6

Theobald von Bethmann-Hollweg	Freie Bahn für alle Tüchtigen, das sei unsere Losung.
Ambrose Bierce	Entschlossenheit ist Starrsinn, den wir billigen.
Ludwig Börne	Es würde alles besser gehn, wenn man mehr ginge. Sich tragen zu lassen, zeugt von Ohnmacht, gehen von Kraft.
Ludwig Börne	So gewiss der Schatten dem Licht folgt, so gewiss folgt die Tat dem Willen, wenn er nur rein ist.
Wilhelm Busch	Wer leben will, der muss was tun.
Albert Camus	Leben heißt handeln.
Thomas Carlyle	Ausdauer ist konzentrierte Geduld.
Cicero	Faulheit ist die Furcht vor bevorstehender Arbeit.
Matthias Claudius	Greif nicht leicht in ein Wespennest: Doch wenn du greifst, so greife fest!
John Davies	Eifer ohne Verständnis ist die Schwester der Torheit.
Demokrit	Mut steht am Anfang des Handelns, Glück am Ende.
Marie von Ebner-Eschenbach	Ausdauer ist eine Tochter der Kraft, Hartnäckigkeit eine Tochter der Schwäche, nämlich der Verstandesschwäche.

Erfolg hat nur, wer etwas tut, während er auf den Erfolg wartet.

Thomas Alva Edison

Nur ein freudiges Anspringen wirft große Hindernisse zu Boden.

Johann Jakob Engel

Ich vertraue der privaten Initiative und glaube, dass sie die stärkste Kraft ist, um aus den jeweiligen Gegebenheiten den höchsten Effekt herauszuholen.

Ludwig Erhard

Um Großes zu leisten, müssen wir nicht nur handeln, sondern auch träumen;
nicht nur planen, sondern auch glauben.

Anatole France

Es liegt eben in der menschlichen Natur, vernünftig zu denken und unlogisch zu handeln.

Anatole France

In der Not ist schlecht handeln.

Benjamin Franklin

Die meisten Menschen verwenden mehr Kraft daran, um die Probleme herumzureden, statt sie anzupacken.

Henry Ford

Denken und Tun, Tun und Denken, das ist die Summe aller Weisheit, von jeher anerkannt, von jeher geübt, nicht eingesehen von einem jeden. Beides muss wie Aus- und Einatmen sich im Leben ewig fort hin und wider bewegen; wie Frage und Antwort sollte eins ohne das andere nicht stattfinden.

Johann Wolfgang von Goethe

Wenn ein Jahr nicht leer verlaufen soll, muss man beizeiten anfangen.

Johann Wolfgang von Goethe

Johann Wolfgang von Goethe	Es ist nicht genug, zu wissen, man muss es auch anwenden. Es ist nicht genug, zu wollen, man muss es auch tun.
Johann Wolfgang von Goethe	Im Anfang war die Tat.
Johann Wolfgang von Goethe	Handeln ist leicht, Denken schwer, nach dem Gedanken handeln unbequem.
Johann Wolfgang von Goethe	Der Worte sind genug gewechselt, lasst mich auch endlich Taten sehn.
Johann Wolfgang von Goethe	Grau, teurer Freund, ist alle Theorie und grün des Lebens goldener Baum.
Franz Grillparzer	Ja, der Wille ist der meine, doch die Tat ist dein Geschick.
Georg Wilhelm Friedrich Hegel	Zum Handeln gehört wesentlich Charakter, und ein Mensch von Charakter ist ein anständiger Mensch, der als solcher bestimmte Ziele vor Augen hat und diese mit Festigkeit verfolgt.
Johann Gottfried von Herder	Der kommt am weitesten, der anfangs selbst nicht weiß, wie weit er kommen werde, dafür aber jeden Umstand, den ihm die Zeit gewährt, nach festen Maßregeln gebraucht.
Herodot	Der Erfolg bietet sich meist denen, die mutig handeln; nicht denen, die alles abwägen und nichts wagen wollen.
Alfred Herrhausen	Die Krankheit unserer Zeit ist Aktionismus und Hektik.

Es ist an sich offenbar, dass die Handlungen der Menschen vom Willen und der Willen von der Hoffnung oder der Furcht ausgehen.

Thomas Hobbes

Wenn ich die Qualitäten, die eine gute Führungskraft ausmachen, in einem Begriff zusammenfassen müsste, dann würde ich sagen, dass es letztlich eine Frage der Tatkraft ist. Am Ende muss man alle Informationen auf einen Nenner bringen, muss einen Zeitplan machen und muss handeln.

Lee Iacocca

Nimm dir Zeit, um abzuwägen; aber wenn die Zeit zum Handeln gekommen ist, hör auf zu überlegen und fang an.

Andrew Jackson

Lasst uns nie aus Furcht verhandeln, aber lasst uns auch nie fürchten zu handeln.

Franz Kafka

Faulheit: der Hang zur Ruhe ohne vorhergehende Arbeit.

Immanuel Kant

Tat heißt eine Handlung, sofern sie unter Gesetzen der Verbindlichkeit steht.

Immanuel Kant

Einen Vorsprung im Leben hat, wer da anpackt, wo die anderen erst einmal reden.

John F. Kennedy

Kein Problem wird gelöst, wenn wir träge darauf warten, dass sich andere darum kümmern.

Martin Luther King

Der Mensch hat dreierlei Wege klug zu handeln; erstens durch Nachdenken, das ist der edelste, zweitens durch Nachahmen, das ist der leichteste, und drittens durch Erfahrung, das ist der bitterste.

Konfuzius

Niccolò Machiavelli	Wenn du stark bist, dann beginne, wo du stark bist. Wenn nicht, beginne dort, wo du eine Niederlage am leichtesten verschmerzen kannst.
Mao Tse-Tung	Wo der Besen nicht hinlangt wird der Staub nicht von selbst verschwinden.
Molière	Wir sind nicht nur für unser Tun verantwortlich, sondern auch für das, was wir nicht tun.
Friedrich Nietzsche	Sobald ihr handeln wollt, müsst ihr die Tür zum Zweifel verschließen.
Novalis	Auf alles, was der Mensch sich vornimmt, muss er seine ungeteilte Aufmerksamkeit oder sein Ich richten.
Blaise Pascal	Bewegung ist unsere Natur, Stillstand ist unser Tod.
Max Planck	Die Naturwissenschaften braucht der Mensch zum Erkennen, den Glauben zum Handeln.
Prediger 11, 4	Wer auf den Wind achtet, kommt nicht zum Säen, und wer nach den Wolken schaut, kommt nicht zum Ernten.
Will Rogers	Verhandeln ist nicht die schlechteste Form des Handelns.
Erasmus von Rotterdam	Viele Male schaut der Wille durchs Fenster, ehe die Tat durch das Tor schreitet.

Was wir denken und was wir glauben ist im Endeffekt von geringer Konsequenz. Das einzige, was Konsequenzen hat, ist, was wir tun.

John Ruskin

Wer gar zu viel bedenkt, wird wenig leisten.

Friedrich Schiller

Hektik weist auf ein krankes Gemüt. Hauptmerkmal eines geordneten Verstandes ist Beharrungsvermögen und die Fähigkeit, mit sich selbst umgehen zu können.

Seneca

Fang jetzt zu leben an und zähle jeden Tag als ein Leben für sich.

Seneca

Der flücht'ge Vorsatz ist nicht einzuholen, es gehe denn die rasche Tat gleich mit.

William Shakespeare

Richtig zu leben heißt, energisch zu handeln.

Samuel Smiles

Wo kämen wir hin, wenn jeder sagte:»Wo kämen wir hin?«, und niemand ginge, um zu sehen, wohin wir kämen, wenn wir gingen?

Sprichwort

Ut aliquid fiat.
(Damit wenigstens irgendetwas geschieht.)

Sprichwort

Tätige Menschen ertragen die Langeweile ungeduldiger als die Arbeit.

Vauvenargues

Si vis pacem, para bellum.
(Wenn du den Frieden willst, bereite den Krieg vor.)

Vegetius

Oscar Wilde Handeln ist nichts als das gemeinsame Anbequemen an die Tatsachen.

Émile Zola Nichts widersteht, Berge fallen und Meere weichen vor einer Persönlichkeit, die handelt.

KARRIERE

Es gibt zwei Wege für den politischen Aufstieg: Entweder man passt sich an oder man legt sich quer.

Konrad Adenauer

Eine Berühmtheit ist ein Mensch, der sein ganzes Leben hindurch schwer gearbeitet hat, um bekannt zu werden, und der eine dunkle Brille trägt, damit ihn niemand erkennt.

Frederick Lewis Allen

Sei nie unersetzlich.
Wenn du unersetzlich bist,
kannst du auch nicht befördert werden.

Anonymus

Jeder Aufstieg in große Höhen geschieht auf einer Wendeltreppe.

Francis Bacon

Die Karriere ist ein Pferd, das bisweilen auch gute Reiter abwirft.

James Baldwin

Der Ehrgeiz ist für die Seele, was der Hunger für den Geist ist.

Ludwig Börne

© Springer Fachmedien Wiesbaden GmbH, ein Teil von Springer Nature 2020
Springer Fachmedien Wiesbaden GmbH (Hrsg.), *Mitarbeitermotivation – treffend verpackt*,
https://doi.org/10.1007/978-3-658-31665-5_7

Lord Byron	Ich erwachte eines Morgens und fand mich berühmt.
Catull	In der höchsten Stellung gibt es das geringste Maß an Handlungsfreiheit.
William Cobbett	Nur weil versucht wird, mit einem einzigen Sprung nach oben zu gelangen, ist so viel Elend in der Welt.
Frank Moore Colby	Die besten Gründe dafür, unten zu bleiben, habe ich entdeckt, als ich die Leute an der Spitze betrachtete.
Oliver Cromwell	Niemand steigt so hoch hinauf wie der, der nicht weiß, wohin er geht.
Demokrit	Ob einer sich bewährt oder nicht, hängt nicht nur von dem ab, was er tut, sondern auch von dem, was er beabsichtigt.
Marie von Ebner-Eschenbach	Zur Größe kann man sich aufringen, aufschwingen, aufdulden, aber nicht aufblasen.
Marie von Ebner-Eschenbach	Immer währender Fortschritt ist nur um den Preis immer währender Unzufriedenheit zu erkaufen.
Marie von Ebner-Eschenbach	Am Ziel Deiner Wünsche wirst Du jedenfalls eins vermissen: Dein Wandern zum Ziel.
Ralph Waldo Emerson	Jeder Mensch hat seine eigene Berufung. Das Talent ist der Ruf. Es gibt eine Richtung, in der der ganze Weltraum für ihn offen ist.

Erinnere dich immer daran, dass ein toter Fisch flussab-
wärts getrieben wird, und nur ein lebender Fisch kann
flussaufwärts schwimmen.

W. C. Fields

Hast Du nach innen das Mögliche getan, gestaltet sich
das Äußere von selbst.

*Johann
Wolfgang von
Goethe*

Bin ich der Flüchtling nicht? der Unbehauste?
Der Unmensch ohne Zweck und Ruh,
Der wie ein Wassersturz von Fels zu Felsen brauste,
Begierig wütend nach dem Abgrund zu?

*Johann
Wolfgang von
Goethe*

Die Räder der Karriere werden am besten mit dem Fett der
Schmeichelei geschmiert.

Sigmund Graff

Gehorsam ist der Anfang aller Weisheit; gehorchen muss,
wer einst gebieten muss und soll.

*Georg Wilhelm
Friedrich Hegel*

... es liegt in der Natur der Macht wie in der des Ruhms,
dass sie im Lauf der Zeit zunimmt.

Thomas Hobbes

Immer der Erste zu sein und vorzustreben vor andern,
dass ich der Väter Geschlecht nicht schändete ...

Homer

Geld und Beförderung sind die konkreten Mittel, mit
denen ein Unternehmen jemandem bescheinigt, dass sie/
er der wertvollste Mitarbeiter ist.

Lee Iacocca

Wer nicht Meister sein will, muss eben Gesell bleiben und
Vorgesetzte haben sein Leben lang.

Gottfried Keller

Konfuzius	Die Perle kann ohne Reibung nicht zum Glänzen, der Mensch ohne Anstrengung nicht vervollkommnet werden.
Karl Kraus	Karriere ist ein Pferd, das ohne Reiter vor dem Tor der Ewigkeit anlangt.
Jean de La Bruyère	Es gibt nur zwei Arten, in dieser Welt voranzukommen: entweder durch eigenes Bemühen oder durch die Dummheit anderer.
Jean de La Bruyère	Die beste Art, in der Welt voranzukommen, ist, die Leute davon zu überzeugen, dass es für sie von Vorteil ist, dir zu helfen.
François de La Rochefoucauld	Demut ist nur eine erheuchelte Unterwerfung, um sich andere zu unterwerfen; ein Kunstgriff des Stolzes, der sich erniedrigt, um sich zu erheben.
Heinrich Leuthold	Jedem das Seine: Jene sind Männer von Ehre; Diese besitzen keine, Aber sie machen Karriere.
Niccolò Machiavelli	Die, die nur durch Glück vom Bürger zum Prinzen werden, haben keine Schwierigkeiten damit, nach oben zu kommen, aber damit, oben zu bleiben. Auf dem Weg nach oben gibt es keine Probleme, denn da fliegen sie, aber es gibt viele, wenn sie den Gipfel erreicht haben.
Ludwig Marcuse	Es ist immer die Leistung, die bestimmt, wer zur Elite zählt.

Der Beginn einer Karriere ist ein Geschenk der Götter. *Fritzi Massary*
Der Rest ist harte Arbeit.

Denn wer sich selbst erhöht, der wird erniedrigt; und wer *Matthäus 23,12*
sich selbst erniedrigt, der wird erhöht.

Versuche nicht, Stufen zu überspringen. Wer einen weiten *Paula*
Weg hat, läuft nicht. *Modersohn-*
Becker

Es gibt zwei Arten von Mitarbeitern, aus denen nie etwas *Christopher*
Richtiges wird: diejenigen, die nie tun, was man ihnen *Morley*
sagt, und diejenigen, die nur tun, was man ihnen sagt.

Es lohnt sich, beim gesellschaftlichen Aufstieg freundlich *Richard*
zu den Mitmenschen zu sein, denn man begegnet ihnen *Milhous Nixon*
später beim Abstieg wieder.

Semper sursum! *nach Platon*
(Immer aufwärts!)

Dieselben Gaben, die den Menschen befähigen, ein *Antoine de*
Vermögen zu erwerben, verhindern ihn, es zu genießen. *Rivarol*

Das ist gewiss! Die Magd, wo sie wird Frau im Haus, die *Friedrich*
schickt ihre Magd' im ärgsten Regen raus. *Rückert*

Das, was der Mensch den Kampf ums Dasein nennt, ist *Bertrand*
nichts anderes, als der Kampf um den Aufstieg. *Russell*

Seneca	Was du für den Gipfel hältst, ist nur eine Stufe.
Sprüche 16,18	Hochmut kommt vor dem Fall.
Theodor Storm	Was Du immer je kannst werden, Arbeit scheue nicht und Wachen – aber hüte Deine Seele vor dem Karriere-Machen.
Sueton	Veni vidi vici. (Ich kam, ich sah, ich siegte.)
Henry David Thoreau	Hüte dich vor Unternehmen, für die du neue Kleidung brauchst.
Henri Tisot	Manche Karrieren sind wie Efeu: kriechend steigen sie auf.
Arch Ward	Das schwierigste daran, an die Spitze der Leiter zu gelangen, ist, durch die Menschenmenge an ihrem Fuß hindurchzukommen.
Daniel Webster	An der Spitze ist immer noch Platz.
Franz Werfel	Wenn alle Wege verstellt sind, bleibt nur der nach oben.

KLUGHEIT

Aus der Klugheit erwachsen drei Früchte: *Euripides*
wohl denken, wohl reden, recht handeln.

Die Klugheit lässt sich nicht auf Wahrscheinlichkeiten *Baltasar*
ein: Sie wandelt stets am hellen Mittagslichte der *Gracián y*
Vernunft. *Morales*

Wir schätzen die Klugheit über alles, und doch bietet sie *François de La*
nicht einmal für das Gelingen des kleinsten Plans Gewähr. *Rochefoucauld*

Der Wunsch, klug zu erscheinen, hindert einen oft daran, *François de La*
es zu sein. *Rochefoucauld*

Es ist klug und weise, an allem zu zweifeln. *Voltaire*

© Springer Fachmedien Wiesbaden GmbH, ein Teil von Springer Nature 2020
Springer Fachmedien Wiesbaden GmbH (Hrsg.), *Mitarbeitermotivation – treffend verpackt*,
https://doi.org/10.1007/978-3-658-31665-5_8

KOMMUNIZIEREN

Die zehn Gebote Gottes sind deshalb so eindeutig, weil sie nicht erst auf einer Konferenz beschlossen wurden.

Konrad Adenauer

Die Rede ist die Kunst, Glauben zu erwecken.

Aristoteles

Eine Überzeugung, die alle Menschen teilen, besitzt Realität.

Aristoteles

Klug fragen können, ist die halbe Weisheit.

Francis Bacon

Das Argument gleicht dem Schuss einer Armbrust – es ist gleichermaßen wirksam, ob ein Riese oder ein Zwerg geschossen hat.

Francis Bacon

Eine Sprache mit Geschick handhaben heißt, eine Art Beschwörungszauber treiben.

Charles Baudelaire

© Springer Fachmedien Wiesbaden GmbH, ein Teil von Springer Nature 2020
Springer Fachmedien Wiesbaden GmbH (Hrsg.), *Mitarbeitermotivation – treffend verpackt*,
https://doi.org/10.1007/978-3-658-31665-5_9

Lyman Beecher	Beredsamkeit ist Logik in Flammen.
Claude Bernard	Eine Tatsache an sich ist gar nichts wert. Sie gewinnt ihren Wert erst mit der Idee, die damit verbunden ist, und mit dem Beweis, den sie liefert.
Ambrose Bierce	Beredsamkeit: eine Verschwörung zwischen Rede und Tat mit der Absicht, den Verstand zu übertölpeln.
Ambrose Bierce	Diskussion: eine Methode, andere in ihren Irrtümern zu bestärken.
Josh Billings	Es kümmert mich nicht, wie viel ein Mensch redet, solange er es nur in wenigen Worten tut.
Otto von Bismarck	Die Ironie ist eine gefährliche Waffe, weil sie eine vergiftete Waffe ist. Die Maske, die der Angreifer sich vorbindet, erbittert den andern viel mehr als ein offener Hieb; die Menschen ertragen Beschimpfung und Drohung eher als Spott und Ironie. Deshalb soll man gegen Untergebene und Kinder nie ironisch werden.
Otto von Bismarck	Wer seine Ansicht mit anderen Waffen als denen des Geistes verteidigt, von dem muss ich voraussetzen, dass ihm die Waffen des Geistes ausgegangen sind.
Otto von Bismarck	Nur auf gründlichen Untersuchungen basiertes Urteil wird unsere Überzeugungen regeln können.
Anicius Boëthius	Si tacuisses, philosophus mansisses. (Wenn du geschwiegen hättest, wärst du ein Weiser geblieben.)

Wer schweigt, scheint zuzustimmen.   *Bonifatius VIII.*

Der Ausdruck der Persönlichkeit erreicht seine Erfüllung   *Pearl S. Buck*
nur durch Kommunikation.

Gedanken sind nicht stets parat,   *Wilhelm Busch*
Man schreibt auch, wenn man keine hat.

Was man ernst meint, sagt man am besten im Spaß.   *Wilhelm Busch*

Der Verhandler sollte so biegsam sein wie eine Weide und   *François de*
so hart wie ein Fels. Er muss schnell und fähig sein, ein   *Caillère*
guter Zuhörer, höflich und angenehm. Er sollte sich nicht
als gewitzt darstellen, noch sollte er so streitbar sein,
dass er bei seiner Argumentation geheime Informationen
preisgibt. Vor allem muss er genug Selbstbeherrschung
besitzen, um der Versuchung zu widerstehen, schneller zu
sprechen, als er seine Gedanken zu formulieren imstande
ist. (...) Der Verhandler muss die Geduld eines Uhrmachers
besitzen und frei von persönlichen Vorurteilen sein.

Wer die Welt überzeugt, regiert sie.   *Thomas Carlyle*

Ich spreche nicht gern mit Leuten, die stets meiner   *Thomas Carlyle*
Meinung sind. Eine Zeit lang macht es Spaß, mit dem
Echo zu spielen, auf die Dauer aber ermüdet es.

Jetzt, da ich älter werde, achte ich weniger darauf, was die   *Andrew*
Menschen sagen, als vielmehr darauf, was sie tun.   *Carnegie*

Man kann recht haben, so viel man will – vom Standpunkt   *Andrew*
des anderen wird man immer im Unrecht sein.   *Carnegie*

Cato d. Ä.	Rem tene, verba sequentur.
	(Halte dich an die Sache, die Worte werden folgen.)
Sir Winston Churchill	Eine gute Rede soll das Thema erschöpfen, nicht die Zuhörer.
Cicero	Der Vortrag ist gewissermaßen die Beredsamkeit unseres Körpers.
Cicero	Denn ein Brief errötet nicht.
Matthias Claudius	Sage nicht alles, was du weißt, aber wisse immer, was du sagst.
Jeremy Collier	Beredsamkeit ist wohlgekleidete Vernunft und Argumente in richtiger Ordnung.
Calvin Coolidge	Zuhören können ist der halbe Erfolg.
Stephen Covey	Versuche zuerst zu verstehen, dann erst versuche, verstanden zu werden.
Mandell Creighton	Widersinnigkeiten sind nützlich, um die Aufmerksamkeit für Ideen anzuziehen.
Benjamin Disraeli	Ich bin verpflichtet, meinen Gegnern Argumente zu liefern, aber nicht Verstand.
Heimito von Doderer	Übertreibungen sind ein Vergrößerungsglas des Geistes, durch welches man die objektive Glätte an der betrachteten Stelle wieder in ihre rauen Fasern auflöst.

Um die Wahrheit wahrscheinlicher zu machen, muss man ein bisschen Lüge hineinmischen.

Fjodor Michaijlowitsch Dostojewski

Kein Thema ist so alt, dass nicht etwas neues darüber gesagt werden könnte.

Fjodor Michaijlowitsch Dostojewski

Denn es ist ein ander Ding zu reden und zu tun.

Albrecht Dürer

Gespräch ist gegenseitige distanzierte Berührung.

Marie von Ebner-Eschenbach

Wer es versteht, den Leuten mit Anmut und Behagen Dinge auseinander zu setzen, die sie ohnehin wissen, der verschafft sich am geschwindesten den Ruf eines gescheiten Menschen.

Marie von Ebner-Eschenbach

Die Leute, denen man nie widerspricht, sind entweder die, welche man am meisten liebt, oder die, welche man am geringsten achtet.

Marie von Ebner-Eschenbach

Solange man selbst redet, erfährt man nichts.

Marie von Ebner-Eschenbach

Nicht jene, die streiten, sind zu fürchten, sondern jene, die ausweichen.

Marie von Ebner-Eschenbach

Der Gescheitere gibt nach! Eine traurige Wahrheit; sie begründet die Weltherrschaft der Dummheit.

Marie von Ebner-Eschenbach

Ein Urteil lässt sich widerlegen, aber niemals ein Vorurteil.

Marie von Ebner-Eschenbach

Albert Einstein	Es ist schwieriger, eine vorgefasste Meinung zu zertrümmern als ein Atom.
Ralph Waldo Emerson	Jemand, der ganz Unrecht hat, ist leichter zu überzeugen, als einer, der zur Hälfte Recht hat.
Ralph Waldo Emerson	Beredsamkeit ist die Fähigkeit, Wahrheit in eine Sprache übersetzen zu können, die dem völlig verständlich ist, der dir zuhört.
Ralph Waldo Emerson	Wir müssen tiefere Einsicht haben, sonst stoßen wir gegeneinander und verfehlen den Weg zur Sicherung unseres Lebens. Aber der kalte Verstand ist selbstsüchtig und unfruchtbar. Das Geheimnis des Erfolges in der Gesellschaft ist aber ein gewisser Zusammenklang von Herzlichkeit und Kontaktfähigkeit.
Ralph Waldo Emerson	Es ist ein Beweis hoher Bildung, die größten Dinge auf die einfachste Art zu sagen.
Epiktet	Nicht Tatsachen, sondern Meinungen über Tatsachen bestimmen das Zusammenleben.
Epiktet	Die Natur hat den Menschen nur eine Zunge gegeben, aber zwei Ohren, damit wir doppelt so viel hören wie sprechen können.
Euripides	Das eben ist's, was manches blühende Haus und Reich In Trümmer stößt: der allzuschöne Redeschwall!
Theodor Fontane	Der Standpunkt macht es nicht, die Art macht es, wie man ihn vertritt.

Wer seine Bitte nur weiß zitternd vorzutragen, lehrt,
den der bittet, ihm sein Bitten abzuschlagen.

Theodor Fontane

Lass nicht deinen Willen brüllen, wenn deine Macht nur
flüstern kann.

Thomaß Fuller

Konferenz: ein Treffen, bei dem entschieden wird,
wann das nächste Treffen stattfinden wird.

Henry Ginßberg

Wenn man einmal weiß, worauf es ankommt,
hört man auf, gesprächig zu sein.

Johann Wolfgang von Goethe

Wenn ihr's nicht fühlt, ihr werdet's nicht erjagen,
Wenn es nicht aus der Seele dringt,
Und mit urkräftigem Behagen
Die Herzen aller Hörer zwingt.

Johann Wolfgang von Goethe

Ich habe mich in meinem Leben vor nichts so sehr als
vor leeren Worten gehütet, und eine Phrase, wobei nichts
gedacht und nichts empfunden war, schien mir an
anderen unerträglich,
an mir unmöglich.

Johann Wolfgang von Goethe

Allein der Vortrag macht des Redners Glück.

Johann Wolfgang von Goethe

Wenn du eine weise Antwort willst, musst du vernünftig
fragen.

Johann Wolfgang von Goethe

Ob die Mathematik Pfennige oder Guineen, die Rhetorik
Wahres oder Falsches verteidige, ist beiden vollkommen
gleich.

Johann Wolfgang von Goethe

Johann Wolfgang von Goethe	Was man nicht bespricht, bedenkt man auch nicht recht.
Johann Wolfgang von Goethe	Sei nicht ungeduldig, wenn man deine Argumente nicht gelten lässt.
Johann Wolfgang von Goethe	Der Pfeil des Schimpfs kehrt auf den Mann zurück, der zu verwunden glaubt.
Johann Wolfgang von Goethe	Man tut besser, dass man sich grad ausspricht, ohne viel beweisen zu wollen; alle Beweise, die wir vorbringen, sind doch nur Variationen unserer Meinung.
Johann Wolfgang von Goethe	Sich mitzuteilen ist Natur; Mitgeteiltes aufzunehmen, wie es gegeben wird, ist Bildung.
Johann Wolfgang von Goethe	Niemand würde viel in Gesellschaft sprechen, wenn er sich bewusst wäre, wie oft er die anderen missversteht.
Johann Wolfgang von Goethe	Der Scharfsinn verlässt geistreiche Männer am wenigsten, wenn sie Unrecht haben.
Johann Wolfgang von Goethe	Der Deutsche soll alle Sprachen lernen, damit ihm zu Hause kein Fremder unbequem, aber er in der Fremde überall zu Hause sei.
Baltasar Gracián y Morales	Die Dinge gelten nicht für das, was sie sind, sondern für das, was sie scheinen. Wert haben und ihn zu zeigen verstehen, heißt zweimal Wert haben. Was nicht gesehen wird, ist, als ob es nicht wäre.

Das Letzte des Beweises: die Überzeugung, ist kein Gedanke, sondern ein Gefühl, nämlich, dass das, was dem Verstande bewiesen worden ist, auch den übrigen Faktoren der menschlichen Existenz nicht widerspreche, ihnen genehm sei.

Franz Grillparzer

Wen das Auge nicht überzeugen kann, überredet auch der Mund nicht.

Franz Grillparzer

Je schlechter die Nachrichten, desto mehr Zeit sollte darauf verwendet werden, sie zu kommunizieren.

Andrew S. Grove

Die Diskussion ist das Sieb der Wahrheit.

Stefano Guazzo

Man muss nicht bloß die offensichtliche, sondern auch die geheime Macht des Wortes kennen und erkennen.

Knut Hamsun

Wo ein Ding aufhört, Gegenstand einer Kontroverse zu sein, hört es auf, Gegenstand des Interesses zu sein.

William Hazlitt

Beim Reden kommen die Gedanken – aber sie gehen auch.

Edward Heath

Nichts empört die Menschen mehr, als wenn man aus ihren eigenen Behauptungen die Konsequenzen zieht, sie zu widerlegen. Und freilich heißt das auch, selbst den Hanf zum Strick hergeben zu müssen.

Christian Friedrich Hebbel

Es ist unglaublich, wie viel Geist in der Welt aufgeboten wird, um Dummheiten zu beweisen.

Christian Friedrich Hebbel

Georg Wilhelm Friedrich Hegel	Beweisen heißt überhaupt nichts, als des Zusammenhangs und damit der Notwendigkeit bewusst zu werden.

Georg Wilhelm Friedrich Hegel	Die Definition enthält alles, was zur Wesentlichkeit des Gegenstandes gehört, worin seine Natur auf eine einfache Grundbestimmung zurückgebracht ist als Spiegel für alle Bestimmtheit, die allgemeine Seele alles Besonderen.

Heinrich Heine	Ein Kluger bemerkt alles. Ein Dummer macht über alles eine Bemerkung.

Herodot	Den Anfang eurer Rede haben wir wieder vergessen und das Letzte nicht verstanden.

Hanns Dieter Hüsch	Je mehr Kommunikation, desto weniger Kommunikation.

Friedrich Heinrich Jacobi	Insofern wir scharfsinnig sind, liegen wir einander fast beständig in den Haaren. Tiefsinn aber macht verträglich.

William James	Wenn sich zwei Menschen begegnen, sind in Wirklichkeit sechs Menschen anwesend: Jeder von beiden, wie er sich selber sieht, jeder, wie der andere ihn sieht, und jeder wie er wirklich ist.

Karl Jaspers	Dass wir miteinander reden können macht uns zu Menschen.

Joseph Joubert	Das Ziel eines Streits oder einer Diskussion sollte nicht der Sieg sein, sondern das Vorankommen.

Lasst uns nie aus Furcht verhandeln, aber lasst uns auch nie fürchten zu handeln.

Franz Kafka

Beredsamkeit: die Kunst, ein Geschäft des Verstandes als ein freies Spiel der Einbildungskraft zu betreiben.

Immanuel Kant

Gedanken ohne Inhalt sind leer, Anschauungen ohne Begriffe sind blind.

Immanuel Kant

Wahrheit steht am Anfang des Vertrauens. Je echter die Wahrheit, umso kürzer der Weg zur Verständigung.

Sören Kierkegaard

Wenn die Begriffe sich verwirren, ist die Welt in Unordnung.

Konfuzius

Es ist ein Unglück, nicht genug Geist zu haben, um eine Rede zu halten, und nicht genug Selbsterkenntnis, um zu schweigen.

Jean de La Bruyère

Die Beredsamkeit liegt weniger im Tone der Stimme, in Augen und Mienen einer Person, als in der Wahl der Worte.

François de La Rochefoucauld

Meister der Beredsamkeit ist der, der alles Nötige sagt und nur dies.

François de La Rochefoucauld

Streitigkeiten würden nie lange dauern, wenn das Unrecht immer nur auf einer Seite wäre.

François de La Rochefoucauld

Oft beweisen diese Herren durch ihre Beweise nichts als dass sie das Beweisen hätten bleiben lassen.

Gotthold Ephraim Lessing

Gotthold Ephraim Lessing	Schreibe, wie du redest, so schreibst du schön.
Claude Levi-Strauss	Ein Weiser gibt nicht die richtigen Antworten, sondern er stellt die richtigen Fragen.
Georg Christoph Lichtenberg	Was wäre es doch für ein Segen, wenn wir die Ohren so mühelos auf und zumachen könnten, wie die Augen.
Georg Christoph Lichtenberg	Scharfsinn ist ein Vergrößerungsglas, Witz ein Verkleinerungsglas.
Georg Christoph Lichtenberg	Es ist keine Kunst, etwas zu sagen, wenn man etwas zu sagen hat.
Georg Christoph Lichtenberg	Wie geht's, sagte ein Blinder zum Lahmen. Wie Sie sehen, antwortete der Lahme.
Abraham Lincoln	Es ist besser zu schweigen und für einen Idioten gehalten zu werden als zu sprechen und alle Zweifel zu beseitigen.
James Russell Lowell	Aufmerksamkeit ist der Stoff, aus dem das Gedächtnis besteht; und Gedächtnis ist akkumulierter Genius.
Martin Luther	Tritt fest auf, mach's Maul auf, hör bald auf.
Matthäus 15,11	Was zum Mund hineingeht, das macht den Menschen nicht unrein; sondern was aus dem Mund herauskommt, das macht den Menschen unrein.
Matthäus 12, 34	Wes das Herz voll ist, des geht der Mund über.

Das Schwierigste am Diskutieren ist nicht, den eigenen Standpunkt zu verteidigen, sondern ihn zu kennen.

André Maurois

Die Gewaltigen reden nach ihrem Mutwillen, um Schaden zu tun, und drehen's, wie sie wollen.

Micha 7, 3

Ein Mann mit einer Überzeugung ist stärker als 99 Leute mit Interessen.

John Stuart Mill

Die Sprache wurde dem Menschen gegeben, um seine Gedanken auszudrücken.

Molière

Es ist eine natürliche Erscheinung. Jeder, der etwas glaubt, hält es für einen Liebesdienst, andere davon zu überzeugen. Um dies zu bewerkstelligen, scheut er sich nicht, etwas von seiner eigenen Erfindung hineinzutun, damit er dem Widerstande begegne, den er in der Fassungskraft des anderen voraussetzt.

Michel de Montaigne

Jedem kann es mal passieren, dass er Unsinn redet; schlimm wird es erst, wenn er es feierlich tut.

Michel de Montaigne

Was den Redern an Tiefe fehlt, sie geben es euch an Weitschweifigkeit.

Charles de Montesquieu

Man hat einen Menschen noch lange nicht bekehrt, wenn man ihn zum Schweigen gebracht hat.

John Morley

Eine Persönlichkeit ist der Ausgangs- und Fluchtpunkt alles dessen, was gesagt wird, und dessen, wie es gesagt wird.

Robert Musil

Napoleon Bonaparte	Fürchte nicht die, die nicht mit dir übereinstimmen, sondern die, die nicht mit Dir übereinstimmen und zu feige sind, es Dir zu sagen.
Napoleon Bonaparte	Zehn Leute, die reden, machen mehr Lärm als zehntausend Leute, die schweigen.
Napoleon Bonaparte	Es gibt Dinge, die man nicht schreibt.
Friedrich Nietzsche	Du ärgerst dich: Also habe ich über dich Recht!
Friedrich Nietzsche	Eine Behauptung ist stärker als ein Argument, wenigstens bei der Mehrheit der Menschen: Denn das Argument weckt Misstrauen. Deshalb suchen die Volksredner die Argumente ihrer Parteien durch Behauptungen zu sichern.
Friedrich Nietzsche	Behaupten ist sicherer als beweisen.
Friedrich Nietzsche	Es ist nicht genug, eine Sache zu beweisen, man muss die Menschen zu ihr auch noch verführen.
Friedrich Nietzsche	Der Weg zu allem Großen geht durch die Stille.
Friedrich Nietzsche	Bildung ist nicht durch reine Erkenntnis, sondern durch Macht des Persönlichen übertragbar.
Sir William Osler	Sieh weise aus, sag nichts und stöhne. Sprache ist uns gegeben worden, um Gedanken zu verbergen.

Streite dich nie; wiederhole nur deine Überzeugung.   *Robert Owen*

Ein Vakuum, geschaffen durch fehlende Kommunikation,   *Cyril Northcote*
füllt sich in kürzester Zeit mit falscher Darstellung,   *Parkinson*
Gerüchten, Geschwätz und Gift.

Man überzeugt im Allgemeinen besser durch Gründe,   *Blaise Pascal*
die man selber gefunden hat, als durch die, die anderen
eingefallen sind.

Alles Übel der Menschheit stammt daher, dass ein Mann   *Blaise Pascal*
nicht alleine in einem Zimmer sitzen kann.

Beredsamkeit ist die Kunst, so von den Dingen zu   *Blaise Pascal*
sprechen, dass jedermann gerne zuhört.

Sprachkürze gibt Denkweite.   *Jean Paul*

Scharfsinn ohne Empfindung ist Mühlstein ohne Korn.   *Jean Paul*

Meinung ändert keine Tatsache.   *Francesco*
Petrarca

Lerne zuhören, und du wirst auch von denjenigen Nutzen   *Platon*
ziehen die dummes Zeug reden.

Das Beste, was man hoffen kann zu vollbringen, ist, den   *Platon*
anderen an das zu erinnern,
was er bereits weiß.

Alexander Pope	Man muss die Menschen so belehren, als ob man sie nicht belehrte, und unbekannte Dinge so vorbringen, als ob es sich um vergessene handelt.
Marcel Proust	Klar nennt man die Ideen, die dasselbe Maß an Verwirrung haben wie unser eigener Geist.
Publilius Syrus	Die Rede ist ein Spiegel der Seele; wie ein Mensch redet, so ist er.
Publilius Syrus	Oft habe ich mein Reden bedauert, nie mein Schweigen.
Pythagoras	Man soll schweigen oder Dinge sagen, die noch besser sind als das Schweigen.
Quintilian	Zweckmäßig angebracht schmücken die Figuren die Rede; im Übermaß verlangt sind sie höchst läppisch.
Quintilian	Denn das Herz ist es, was den Redner macht, und die Ausdruckskraft der Empfindung.
Jean-Jacques Rousseau	Man muss viel gelernt haben, um über das was man nicht weiß, fragen zu können.
Jean-Jacques Rousseau	Beleidigungen sind die Argumente derer, die Unrecht haben.
Sallust	Denn durch Eintracht wachsen selbst kleine Dinge, durch Zwietracht zerfallen die größten.

Was ist der langen Rede kurzer Sinn?

Friedrich Schiller

Jedes überflüssige Wort wirkt seinem Zweck gerade entgegen.

Arthur Schopenhauer

Der Beweis ist der einzige Weg, um anderen Wahrheiten begreiflich zu machen, welche sie unmittelbar nicht einsehen können.

Arthur Schopenhauer

Man muss denken wie die wenigsten und reden wie die meisten.

Arthur Schopenhauer

Wer klug ist, wird im Gespräch weniger an das denken, worüber er spricht, als an den, mit dem er spricht.

Arthur Schopenhauer

Nichts ist schwerer als bedeutende Gedanken so auszudrücken, dass sie jeder verstehen muss.

Arthur Schopenhauer

Weise Menschen schweigen in gefährlichen Zeiten.

John Selden

Leih jedermann dein Ohr, aber wenigen deine Stimme.

William Shakespeare

Behauptung ist nicht Beweis.

William Shakespeare

Mit Schweigen, Neffe, treibe Politik!

William Shakespeare

Ein andres, treffend reden,
und ein andres, viel.

Sophokles

Sprichwort	Der Redner ist einer, der bewirkt, dass die Menschen mit den Ohren zu sehen vermögen.
Sprichwort	Es stolpern mehr Menschen über ihre Zunge als über ihre Füße.
Sprichwort	Repetitio est mater studiorum. (Die Wiederholung ist die Mutter der Wissenschaften.)
Sprichwort	Quod non legitur, non creditur. (Was nicht gelesen wird, wird nicht geglaubt.)
Sprichwort	Worte belehren, Beispiele reißen mit.
Sprichwort	Wer immer das letzte Wort haben will, spricht bald mit sich allein.
Terenz	Quot homines, tot sententiae. (Wie viele Menschen, so viele Meinungen.)
Terenz	Schließlich gibt es ja nichts mehr zu sagen, das nicht früher schon gesagt worden wäre.
Thales von Milet	Nicht die vielen Worte verraten kluges Urteil. Such ein Weises, wähl ein Gutes. Sonst wirst du nur wüst redende Zungen der Schwätzer lockern.
Mark Twain	Wir mögen Menschen, die frisch heraus sagen, was sie denken. Vorausgesetzt, sie denken dasselbe wie wir.

Zur größeren Klarheit über seine Gedanken gelangt man, indem man sie anderen klar zu machen sucht.

Joseph Unger

Wir sprechen nur deshalb so viel, weil wir uns nicht ausdrücken können.

Rahel Varnhagen von Ense

Um zu wissen, ob ein Gedanke neu ist, braucht man ihn nur so einfach wie möglich auszudrücken.

Vauvenargues

Wer ein Argument vorträgt und sich dabei auf eine Autorität beruft, verwendet nicht seine Intelligenz; er setzt lediglich sein Gedächtnis ein.

Leonardo da Vinci

Fama crescit eundo.
(Das Gerücht wächst im Laufen.)

nach Vergil

Das Geheimnis zu langweilen besteht darin, alles zu sagen.

Voltaire

Bleibe immer ruhig; Wut ist kein Argument.

Daniel Webster

Etwas, worüber man nicht redet, ist gar nicht geschehen. Nur das Wort gibt den Dingen Realität.

Oscar Wilde

Das ist die Kunst des Gesprächs: alles zu berühren und nichts zu vertiefen.

Oscar Wilde

Fragen sind nie indiskret. Antworten zuweilen.

Oscar Wilde

Fragen zu stellen lohnt sich immer – wenn es auch nicht immer lohnt, sie zu beantworten.

Oscar Wilde

Oscar Wilde   Ernsthaftigkeit ist die Zuflucht derer, die nichts zu sagen haben.

Oscar Wilde   Viele Menschen sind zu gut erzogen, um mit vollem Mund zu sprechen, aber sie haben keine Bedenken, es mit leerem Kopf zu tun.

Oscar Wilde   Ich gebe Ratschläge immer weiter. Es ist das einzige, was man damit anfangen kann.

Ludwig Wittgenstein   Wovon man nicht sprechen kann, darüber muss man schweigen.

LEISTUNG

Das Leben besteht in der Bewegung.   *Aristoteles*

Beginne mit dem, was notwendig ist,   *Franz von*
dann tue dein Möglichstes,   *Assisi*
und plötzlich wirst du das Unmögliche vollbringen.

Sobald du sagst: ich habe genug geleistet, bist du verloren.   *Augustinus*

Gib der Alltäglichkeit ihr Recht, und sie wird dir mit ihren   *Clemens*
Anforderungen zur Last fallen.   *Brentano*

Sonst waren die reichsten Länder, wo die Natur am   *Henry Thomas*
günstigsten war, jetzt sind es die, wo der Mensch am   *Buckle*
tätigsten ist.

Den Beweis der Tüchtigkeit erbringt man nicht so sehr in dem,   *Andrew*
was man selber leistet, als vielmehr durch die Leistungen   *Carnegie*
derer, mit denen man sich zu umgeben versteht.

© Springer Fachmedien Wiesbaden GmbH, ein Teil von Springer Nature 2020
Springer Fachmedien Wiesbaden GmbH (Hrsg.), *Mitarbeitermotivation – treffend verpackt*,
https://doi.org/10.1007/978-3-658-31665-5_10

Calvin Coolidge	Nichts in der Welt kann Beharrlichkeit ersetzen; Talent kann es nicht, denn nichts gibt es häufiger als erfolglose Menschen mit Talent; Genie kann es nicht, denn die Welt ist voll mit hochgebildeten Obdachlosen. Der Spruch »Bleib dran!« hat immer und wird immer die Probleme der Menschen lösen.
Noël Coward	Die Kritik an anderen hat noch keinem die eigene Leistung erspart.
Daniel Defoe	Was ist Ehre ohne Verdienst? Und was kann man ein gerechtes Verdienst nennen, wenn nicht das, was einen Menschen sowohl gut als groß macht?
Demosthenes	Unmöglich können wir das Betragen anderer mit Strenge prüfen, wenn wir nicht selbst zuerst unsere Pflicht erfüllen.
Marion Gräfin Dönhoff	Wer Freude an der Arbeit hat, ist imstande, vieles zu leisten.
Marie von Ebner-Eschenbach	Das meiste haben wir gewöhnlich in der Zeit getan, in der wir meinten, zu wenig zu tun.
Marie von Ebner-Eschenbach	Der Arbeiter soll seine Pflicht tun; der Arbeitgeber soll mehr tun als seine Pflicht.
Marie von Ebner-Eschenbach	Es hat noch niemand etwas Ordentliches geleistet, der nicht etwas Außerordentliches leisten wollte.

Genie besteht zu einem Prozent aus Inspiration und zu 99 Prozent aus Transpiration.

Thomas Alva Edison

Zwei Dinge sind zu unserer Arbeit nötig: Unermüdliche Ausdauer und die Bereitschaft, etwas, in das man viel Zeit und Arbeit gesteckt hat, wieder wegzuwerfen.

Albert Einstein

Persönlichkeiten werden nicht durch schöne Reden geformt, sondern durch Arbeit und eigene Leistung.

Albert Einstein

Ungewiss und vergänglich ist das Glück; gewiss und ewig bleibt die Pflicht.

Ernst Freiherr von Feuchtersleben

Der Mensch kann, was er soll; und wenn er sagt: »Ich kann nicht«, so will er nicht.

Johann Gottlieb Fichte

Gaben, wer hätte sie nicht? Talente – Spielzeug für Kinder;
Erst der Ernst macht den Mann; erst der Fleiß das Genie.

Theodor Fontane

Wenige Mitarbeiter sorgen dafür, dass etwas geschieht, viele Mitarbeiter sorgen dafür, dass nichts geschieht, viele Mitarbeiter sehen zu, wie etwas geschieht, und die überwältigende Mehrheit hat keine Ahnung, was überhaupt geschehen ist.

am schwarzen Brett der Frankfurter Börse

Wenn der Mensch alles leisten soll, was man von ihm fordert, so muss er sich für mehr halten, als er ist.

Johann Wolfgang von Goethe

Was aber ist deine Pflicht? Die Forderung des Tages.

Johann Wolfgang von Goethe

Johann Wolfgang von Goethe	Wenn man von den Leuten Pflichten fordert und ihnen keine Rechte zugestehen will, muss man sie gut bezahlen.
Johann Wolfgang von Goethe	Niemand weiß, wie weit seine Kräfte gehen, bis er sie versucht hat.
Johann Wolfgang von Goethe	Jedem redlichen Bemühn sei Beharrlichkeit verliehn.
Johann Wolfgang von Goethe	Unsere Wünsche sind Vorgefühle der Fähigkeiten, die in uns liegen, Vorboten desjenigen, was wir zu leisten imstande sein werden.
Johann Wolfgang von Goethe	Vollkommenheit ist die Norm des Himmels; Vollkommenes wollen: die Norm des Menschen.
Johann Wolfgang von Goethe	Wie sich Verdienst und Glück verketten, das fällt dem Toren niemals ein.
Christian Friedrich Hebbel	Nur der Mensch ist ruhig, den, wie das Wasser, der Frost zusammenhält.
Horaz	Wäget wohl vorher, was eure Schultern vermögen oder nicht, eh ihr die Last zu tragen übernehmet.
Horaz	Vis consili expers mole ruit sua. (Kraft ohne Weisheit stürzt durch die eigene Wucht.)
Wilhelm von Humboldt	Meiner Idee nach ist Energie die erste und einzige Tugend des Menschen.

Nichts ist mühsam, was man willig tut.

Thomas Jefferson

In fünfzig Jahren hat mich die Sonne noch nicht einmal im Bett erwischt.

Thomas Jefferson

Den Erschöpften gibt er neue Kraft, und die Schwachen macht er stark. Selbst junge Menschen ermüden und werden kraftlos, starke Männer stolpern und brechen zusammen. Aber alle, die ihre Hoffnung auf den Herrn setzen, bekommen neue Kraft.

Jesaja 40, 29-30

Mit Geschicklichkeit und Fleiß sind nur wenige Dinge unmöglich; große Taten werden nicht durch Stärke, sondern durch Ausdauer vollbracht.

Samuel Johnson

Ihre Entstehung verdanken die Meisterwerke dem Genie, ihre Vollendung dem Fleiß.

Joseph Joubert

Pflicht! Du erhabener, großer Name!

Immanuel Kant

Es ist gesünder, nichts zu hoffen und das Mögliche zu schaffen, als zu schwärmen und nichts zu tun.

Gottfried Keller

Glück ist nur ein Sammelname für Tüchtigkeit, Klugheit, Fleiß und Beharrlichkeit.

Charles Kettering

Hast überschritten du eine Pflicht, so scheue du den Rückweg nicht.

Konfuzius

Das Schild ist's, das die Kunden lockt.

Jean de La Fontaine

Laotse	Wirken, nicht gewinnen! Schaffen, nicht besitzen.
Laotse	Mit der Leistung stellt sich der Hochmut ein.
François de La Rochefoucauld	Unser Verdienst verschafft uns die Anerkennung ehrenwerter Menschen, unser Glück aber die der Menge.
Johann Caspar Lavater	Lass die schwerste Pflicht dir die heiligste sein.
Gotthold Ephraim Lessing	Wir handeln alle nach dem Maße unserer Einsicht und Kräfte.
Gotthold Ephraim Lessing	Seines Fleißes darf sich jedermann rühmen.
Georg Christoph Lichtenberg	Ruhe und Ruhm sind Dinge, die nicht zusammenwohnen.
Georg Christoph Lichtenberg	Ein Starker weiß mit seiner Kraft Haus zu halten. Nur der Schwache will über seine Kraft hinaus wirken.
Georg Christoph Lichtenberg	Je weniger Bedürfnisse, desto glücklicher, ist eine alte, aber sehr verkannte Wahrheit.
John Locke	Wo keine Sehnsucht ist, das gibt es auch keinen Fleiß.
Fritzi Massary	Der Beginn einer Karriere ist ein Geschenk der Götter. Der Rest ist harte Arbeit.
Gabriel Mirabeau	Es gibt nur drei Methoden, um leben zu können: betteln, stehlen und etwas leisten!

Der Ruhm muss dem Verdienst entsprechen.   *Molière*

Es ist gut, in Bedrängnis zu leben. Das wirkt wie eine   *Charles de*
gespannte Feder.   *Montesquieu*

Vom Fleißigen ist immer viel zu lernen, doch zu beseligen,   *Christian*
vermag nur Größe.   *Morgenstern*

Man habe Energie ohne Fanatismus, Grundsätze ohne   *Napoleon*
Demagogie und Strenge ohne Grausamkeit.   *Bonaparte*

Es kommt weniger darauf an, was man leistet, als viel-   *Johann*
mehr darauf, wo man es leistet.   *Nepomuk*
          Nestroy

Das Sitzfleisch – ich sagte es schon einmal – ist die   *Friedrich*
eigentliche Sünde wider den heiligen Geist.   *Nietzsche*

Wenn man viel hineinzustecken hat, hat der Tag hundert   *Friedrich*
Taschen.   *Nietzsche*

Der Müßiggang ist das Kopfkissen des Teufels.   *Jean Paul*

Denn entweder gebe ich dir, damit du gibst, oder ich gebe,   *Paulus*
damit du leistest, oder ich leiste, damit du gibst, oder ich
leiste, damit du leistest.

Das alles vermag ich durch Christus, der mich stark und   *Philipper 4,13*
kräftig macht.

Wollt ihr etwas Großes leisten, setzt euer Leben dran!   *August von*
          Platen

Plutarch	Zur See zu fahren ist notwendig, zu leben ist nicht notwendig.
Plutarch	Wer wenig bedarf, kommt nicht in die Lage, auf vieles verzichten zu müssen.
Friedrich Rückert	Tu's gern! und wenn dir das nicht zum Verdienst gereicht, Gereicht's dir doch zur Lust, dass dir die Pflicht ward leicht.
Friedrich Schiller	Nur Beharrung führt zum Ziel, nur die Fülle führt zur Klarheit und im Abgrund wohnt die Wahrheit.
Friedrich Schiller	Der Mensch hat keinen anderen Wert als seine Wirkungen.
Friedrich Schiller	Strebe nach Ruhe, aber durch das Gleichgewicht, nicht durch den Stillstand Deiner Tätigkeit.
Friedrich Schiller	Wer gar zu viel bedenkt, wird wenig leisten.
Friedrich Schiller	Doch meine Verdienste, die bleiben im Stillen.
Arthur Schopenhauer	Hindernisse überwinden ist der Vollgenuss des Daseins.
Seneca	Der Lohn einer guten Handlung liegt darin, dass man sie vollbracht hat.
Seneca	Die natürlichen Bedürfnisse haben ihre Grenzen; die aus einem Wahn entsprungenen finden kein Ende.

Anstrengung ist für edle Geister eine Stärkung. *Seneca*

Behandelt jeden Menschen nach seinem Verdienst – und wer ist vor Schlägen sicher? *William Shakespeare*

Sorge ums Brot vertreibt den Schlummer, mehr als schwere Krankheit verscheucht sie den Schlaf. *Sirach 31, 2*

Energie als Mittelpunkt des Willens schafft die Wunder der Begeisterung zu allen Zeiten.
Überall ist sie Triebfeder dessen, was wir Charakterstärke nennen, und die erhaltene Kraft jeder großen Tat. *Samuel Smiles*

Lasst denjenigen, der die Welt bewegen will, zunächst sich selbst bewegen. *Sokrates*

Unverstand ist es, über seine Kraft zu tun. *Sophokles*

Lässige Hand macht arm, aber des Fleißigen Hand macht reich. *Sprüche 10, 4*

Der Reichtum kommt nicht von der Umverteilung, der Reichtum kommt von Fleiß und Leistung. *Franz-Josef Strauss*

Duo cum faciunt idem, non est idem.
(Wenn zwei dasselbe tun, so ist es noch lange nicht dasselbe.) *Terenz*

Sei nicht einfach gut – sei gut für etwas! *Henry David Thoreau*

Henry David Thoreau	Es reicht nicht, fleißig zu sein; das sind auch die Ameisen. Die Frage ist: Wofür sind wir fleißig?
Vauvenargues	Die Faulen sind stets aufgelegt, irgendetwas zu tun.
Leonardo da Vinci	Kraft wird aus dem Zwang geboren und stirbt an der Freiheit.
Voltaire	Fast alles Große in der Welt ist durch das Genie und die Festigkeit eines einzelnen Mannes bewirkt worden, der gegen die Vorurteile der Menge ankämpfte oder ihr welche beibrachte.
Johann Heinrich Voß	Ein Guter schafft was Gutes gern, Und fraget nicht, ob Arbeit schände: Dem trägen Hochmut bleibt er fern; Sein Ruhm sind arbeitsfrohe Hände.
John Wanamaker	Wer keine Zeit für Erholung findet wird früher oder später Zeit für Krankheit finden.
Carl Maria von Weber	Wahrhaft Großes zu leisten, ist nur dem in sich ganz gesammelten und abgeschlossenen Gemüt möglich.
Christoph Martin Wieland	Lass dir an dem Bewusstsein genügen, deine Pflicht getan zu haben! Andere mögen es erkennen oder nicht.
Christoph Martin Wieland	Nichts halb zu tun, ist edler Geister Art.

LERNEN

Bemühe Dich nicht, alles wissen zu wollen, sonst lernst
du nichts.

Euripides

Lernen, ohne zu denken, ist verlorene Mühe.
Denken, ohne etwas gelernt zu haben, ist gefährlich.

Konfuzius

Nicht für die Schule, für das Leben lernen wir.

Seneca

Durch Lehren lernen wir.

Seneca

Wir kommen nicht dazu, das Notwendige zu lernen,
weil wir das Überflüssige gelernt haben.

Seneca

© Springer Fachmedien Wiesbaden GmbH, ein Teil von Springer Nature 2020
Springer Fachmedien Wiesbaden GmbH (Hrsg.), *Mitarbeitermotivation – treffend verpackt*,
https://doi.org/10.1007/978-3-658-31665-5_11

LOB/TADEL

Alles Schöne ist an und für sich schön und in sich selbst vollendet. Das Lob bildet keinen Bestandteil seines Wesens. Durch das Lob wird ein Gegenstand weder schlechter noch besser.

Marc Aurel

Nur wenige Menschen sind klug genug, hilfreichen Tadel nichtssagendem Lob vorzuziehen.

François de La Rochefoucauld

Der Wunsch, ein Lob auch zu verdienen, bestärkt unsere guten Absichten.

François de La Rochefoucauld

Allerdings geht es uns irgendwie gut ein, wenn wir gelobt werden:
Aber darauf geben wir viel zu viel.

Michel de Montaigne

Willst Du, dass man Gutes von dir sage, sag es nicht selbst.

Blaise Pascal

© Springer Fachmedien Wiesbaden GmbH, ein Teil von Springer Nature 2020
Springer Fachmedien Wiesbaden GmbH (Hrsg.), *Mitarbeitermotivation – treffend verpackt*,
https://doi.org/10.1007/978-3-658-31665-5_12

MACHT

Jeder, der Macht hat, ist auch eine Quelle der Gefahr.

Hermann Josef Abs

Ordnung ist Macht.

Henri-Frédéric Amiel

Roma locuta, causa finita.
(Rom hat gesprochen, die Sache ist abgeschlossen.)

Augustinus

Wissen ist Macht.

Francis Bacon

Wer den Daumen auf dem Beutel hat, hat die Macht.

Otto von Bismarck

Was alle berührt, muss auch von allen gebilligt werden.

Bonifatius VIII.

Das Geheimnis jeder Macht besteht darin, zu wissen, dass andere noch feiger sind als wir.

Ludwig Börne

© Springer Fachmedien Wiesbaden GmbH, ein Teil von Springer Nature 2020
Springer Fachmedien Wiesbaden GmbH (Hrsg.), *Mitarbeitermotivation – treffend verpackt*,
https://doi.org/10.1007/978-3-658-31665-5_13

Cicero	Oderint, dum metuant! (Mögen sie mich hassen, wenn sie mich nur fürchten!)
Bernhard von Clairvaux	Stehe an der Spitze, um zu dienen, nicht, um zu herrschen!
Benjamin Disraeli	Der Mensch ist nicht das Produkt seiner Umwelt – die Umwelt ist das Produkt des Menschen.
Marie von Ebner-Eschenbach	Das Recht des Stärkeren ist das stärkste Unrecht.
Marie von Ebner-Eschenbach	Das unfehlbare Mittel, Autorität über die Menschen zu gewinnen, ist, sich ihnen nützlich zu machen.
Albert Einstein	Nichts in der Welt ist so gefürchtet wie der Einfluss von Männern, die geistig unabhängig sind.
Ralph Waldo Emerson	Je weniger Regierung wir haben, umso besser.
Euripides	Vor des Schicksals Zwanggebot ist kein Entfliehn.
politische Formel	cuius regio, eius religio (wessen Gebiet, dessen Religion)
Gustav Freytag	Je höher der Mensch steht, umso stärkere Schranken hat er nötig, welche die Willkür seines Lebens bändigen.
Thomas Fuller	Lass nicht deinen Willen brüllen, wenn deine Macht nur flüstern kann.

Wer klare Begriffe hat, kann befehlen.

Johann Wolfgang von Goethe

Eine verlorene Schlacht lässt sich durch eine gewonnene wieder ersetzen, ein verfehltes Werk lässt sich verbessern, aber eines ist, das sich nicht mehr herstellen lässt, wenn es einmal abgewiesen worden ist; die Autorität.

Franz Grillparzer

Die Macht zu schaden zeugt gar leicht den Willen.

Franz Grillparzer

Eine der schmerzlichsten Erfahrungen, die der Menschenfreund täglich machen kann, ist die ruhige Gewöhnung an den Missbrauch der Macht.

Karl Ferdinand Gutzkow

Vielleicht darf man nicht sehr viel Hochachtung verdienen, wenn man sehr beliebt sein will. Jede Überlegenheit zieht uns Ehrfurcht und Feindschaft zu.

Claude-Adrien Helvétius

... es liegt in der Natur der Macht wie in der des Ruhms, dass sie im Lauf der Zeit zunimmt.

Thomas Hobbes

Was immer die Könige Wahnwitziges unternehmen, die Achäer [in dem Sinne: das gemeine Volk] haben dafür die Strafe zu zahlen.

Horaz

Die Menschen bezahlen die Vermehrung ihrer Macht mit der Entfremdung von dem, worüber sie Macht ausüben.

Max Horkheimer

Also der Erwachte: Weil er nicht scheinen will, leuchtet er. Weil er von sich absieht, wird er beachtet. Weil er nichts für sich will, hat er Erfolg. Weil er nichts aus sich macht, hat er Macht. Weil er nicht widersteht, widersteht ihm nichts.

Laotse

Abraham Lincoln	Willst du den Charakter eines Menschen erkennen, so gib ihm Macht.
Jack London	Überfluss ist Einfluss.
Napoleon Bonaparte	Denke stets an die beiden Hebel, die die Menschen bewegen: Interesse und Furcht.
John Naisbitt	Die neue Quelle der Macht ist nicht mehr Geld in der Hand von wenigen, sondern Information in den Händen von vielen.
Friedrich Nietzsche	Herrschen ist: das Gegengewicht der schwächeren Kraft ertragen – also eine Art Fortsetzung des Kampfes.
Friedrich Nietzsche	Das Hauptelement des Ehrgeizes ist, zum Gefühl seiner Macht zu kommen.
Friedrich Nietzsche	Geld ist das Brecheisen der Macht.
Friedrich Nietzsche	Alles Geschehen aus Absichten ist reduzierbar auf die Absicht der Mehrung von Macht.
Friedrich Nietzsche	Wert ist das höchste Quantum Macht, das der Mensch sich einzuverleiben vermag.
Niccolò Machiavelli	Es ist viel sicherer, gefürchtet zu werden, als geliebt zu werden.

Major sum quam cui possit fortuna nocere.   *Ovid*
(Zu hoch steh ich, als dass mir schaden könnte das
Schicksal.)

Begehrlichkeit und Macht sind die Quellen aller unserer   *Blaise Pascal*
Handlungen:
Die Begehrlichkeit verursacht die freiwilligen, die Macht
die unfreiwilligen.

Die Macht ist die Königin der Welt, und nicht die Meinung   *Blaise Pascal*
der Leute. Aber die Meinung ist es, die die Macht ge-
braucht. Und es ist die Macht, welche die Meinung macht.

Wer nichts fürchtet, ist nicht weniger mächtig als der,   *Friedrich*
den alles fürchtet.   *Schiller*

Das gute Beispiel ist nicht eine Möglichkeit, andere   *Albert*
Menschen zu beeinflussen, es ist die Einzige.   *Schweitzer*

Herrschen ist Unsinn, aber Regieren ist Weisheit.   *Johann*
Man herrscht also, weil man nicht regieren kann.   *Gottfried Seume*

Der größte Missbrauch ist, wenn von der Macht sie das   *William*
Gewissen trennt.   *Shakespeare*

Heute König, morgen tot.   *Sirach 10,12*

Befehle nicht, wo dir die Macht gebricht!   *Sophokles*

Jeder hat so viel Recht, wie er Macht hat.   *Spinoza*

Theodor Storm	Autorität und Vertrauen werden durch nichts mehr erschüttert als durch das Gefühl, ungerecht behandelt zu werden.
Charles Maurice de Talleyrand	Kein Abschied auf der Welt fällt schwerer als der Abschied von der Macht.
Cornelius Vanderbilt	Was kümmert mich das Gesetz? Habe ich keine Macht?
Oscar Wilde	Macht ist die einzige Lust, derer man nicht müde wird.

MANAGEMENT

Der eine wartet, bis dass die Zeit sich wandelt, der andere packt sie kräftig an und handelt.

Dante Alighieri

Manager sind Menschen, die nie etwas auf morgen verschieben, was sie heute jemand anders erledigen lassen können.

Anonymus

Es gibt zwei Dinge, auf denen das Wohlgelingen in allen Verhältnissen beruht. Das eine ist, dass Zweck und Ziel der Tätigkeit richtig bestimmt sind. Das andere aber besteht darin, die zu diesem Endziel führenden Handlungen zu finden.

Aristoteles

Wir sind für das Zusammenarbeiten geboren, so wie unsere Füße, unsere Hände, unsere Augenlider und unsere Kiefer.

Marc Aurel

Manager sind Leute, die die Dinge richtig tun; Führungspersönlichkeiten sind Leute, die die richtigen Dinge tun.

Warren G. Bennis

© Springer Fachmedien Wiesbaden GmbH, ein Teil von Springer Nature 2020
Springer Fachmedien Wiesbaden GmbH (Hrsg.), *Mitarbeitermotivation – treffend verpackt*,
https://doi.org/10.1007/978-3-658-31665-5_14

Otto von Bismarck	Nichts ist besser geeignet, die Verschmelzung der widerstrebenden Elemente zu fördern, als gemeinsame Arbeit an gemeinsamen Aufgaben.
Andrew Carnegie	Ein Manager muss zumindest Teilhaber des Unternehmens sein, das er führt, und seine Einnahmen müssen nicht von seinem Lohn, sondern vom Gewinn abhängen.
Andrew Carnegie	Den Beweis der Tüchtigkeit erbringt man nicht so sehr in dem, was man selber leistet, als vielmehr durch die Leistungen derer, mit denen man sich zu umgeben versteht.
Sir Winston Churchill	Es gibt Leute, die halten den Unternehmer für einen räudigen Wolf, den man totschlagen müsse. Andere meinen, der Unternehmer sei eine Kuh, die man ununterbrochen melken könne. Nur wenige sehen in ihm ein Pferd, das den Karren zieht.
Sir Winston Churchill	Man löst keine Probleme, indem man sie aufs Eis legt.
Joseph Conrad	Viele große Männer verdanken ihre Größe der Fähigkeit, in denen, die sie als ihre Werkzeuge ausersehen, genau die Stärken zu entdecken, die für ihre Arbeit wichtig ist.
Peter F. Drucker	Management ist die Fähigkeit, Menschen wie Dich und mich produktiv zu machen.
Marie von Ebner-Eschenbach	Die bedauernswürdigsten Menschen sind die Gewissenhaften, denen das Leben unerfüllbare Pflichten aufgebürdet hat.

Merkmal großer Menschen ist, dass sie an andere weit
geringere Anforderungen stellen, als an sich selbst.

*Marie von
Ebner-
Eschenbach*

Wenn jeder dem anderen helfen wollte, wäre allen
geholfen.

*Marie von
Ebner-
Eschenbach*

Organisation kann aus einem Inkompetenten kein Genie
machen.

*Dwight
Eisenhower*

Wessen wir am meisten im Leben bedürfen ist jemand,
der uns dazu bringt, das zu tun, wozu wir fähig sind.

*Ralph Waldo
Emerson*

Je weniger Regierung wir haben, umso besser.

*Ralph Waldo
Emerson*

Managen heißt, vorauszusagen und zu planen, zu organi-
sieren, anzuweisen, zu koordinieren und zu kontrollieren.

Henri Fayol

Die meisten Menschen verwenden mehr Kraft daran,
um die Probleme herumzureden, statt sie anzupacken.

Henry Ford

Nicht der Arbeitgeber zahlt die Löhne, sondern das
Produkt. Der Arbeitgeber verwaltet das Geld nur.

Henry Ford

Zusammenkommen ist ein Beginn,
Zusammenbleiben ist ein Fortschritt,
Zusammenarbeit ein Erfolg.

Henry Ford

Führe dein Geschäft, oder es wird dich führen.

*Benjamin
Franklin*

Robert Lee Frost	Indem man fleißig acht Stunden pro Tag arbeitet, kann man es zum Unternehmer bringen, worauf man dann zwölf Stunden arbeitet.
Thomas Fuller	Wer überall zugleich ist, ist nirgends.
Johann Wolfgang von Goethe	Was man nicht nutzt, ist eine schwere Last.
Johann Wolfgang von Goethe	Wer klare Begriffe hat, kann befehlen.
Johann Wolfgang von Goethe	Nur klugtätige Menschen, die ihre Kräfte kennen und sie mit Maß und Gescheitheit benutzen, werden es im Weltwesen weit bringen.
Johann Wolfgang von Goethe	Wer andere zu leiten strebt, muss fähig sein, viel zu entbehren.
Johann Wolfgang von Goethe	Es ist nicht genug zu wissen, man muss es auch anwenden. Es ist nicht genug zu wollen, man muss es auch tun.
Johann Wolfgang von Goethe	So eine Arbeit wird eigentlich nie fertig, man muss sie für fertig erklären, wenn man nach Zeit und Umständen das möglichste getan hat.
Daniel Goeudevert	Unternehmensführung ist nicht die Beschäftigung mit Gegenwartsproblemen, sondern die Gestaltung der Zukunft.
Daniel Goeudevert	Es reicht nicht, wenn unsere Manager großartige Wirtschaftsfachleute oder auch tolle Techniker sind, wenn sie den Menschen, also ihren Kunden, längst aus dem Auge verloren haben.

Man muss sich vor dem Siege über Vorgesetzte hüten.

Balthasar Gracián y Morales

Wer sich nachts zu lange mit den Problemen von morgen beschäftigt, ist am nächsten Tag zu müde, sie zu lösen.

Rainer Haak

Eine Sache gewinnt oder verliert durch den Mann, der sich für sie einsetzt, auch ein Gedanke und eine Meinung.

Gerhart Hauptmann

Die meisten Fehler machen Unternehmen, wenn es ihnen gut geht, nicht, wenn es schlecht geht.

Alfred Herrhausen

Alles im Leben ist Organisation.

Wilhelm von Humboldt

Management ist nichts anderes als die Kunst, andere Menschen zu motivieren.

Lee Iacocca

Die richtigen Leute einzustellen ist das Beste, was ein Manager tun kann.

Lee Iacocca

Ordnung ist die Verbindung des Vielen nach einer Regel.

Immanuel Kant

Ein gescheiter Mann muss so gescheit sein, Leute anzustellen, die viel gescheiter sind als er.

John F. Kennedy

Wer seine Geschäfte maschinenmäßig betreibt, bekommt ein Maschinenherz.

Konfuzius

Konfuzius	Sind die Worte im Voraus festgelegt, so stockt man nicht. – Sind die Arbeiten im Voraus festgelegt, so kommt man nicht in Verlegenheit. – Sind die Handlungen im Voraus festgelegt, so macht man keinen Fehler. – Ist der Weg im Voraus festgelegt, so wird er nicht plötzlich ungangbar.
Ron Kritzfeld	Führungskräften, die sich behaupten müssen, fehlt es an Kopf.
Laotse	Wer statt eines Zimmermanns die Axt führt, der wird selten davonkommen, ohne sich zu verletzen.
Laotse	Ein guter Führer ist dann am besten, wenn die Menschen kaum wahrnehmen, dass er existiert.
Gotthold Ephraim Lessing	Jede Kleinigkeit, zu sehr verschmäht, die rächt sich, Bruder.
Jerry Lewis	Vorgesetzte sind Menschen, die sich um mehrere Stunden verspäten können, ohne dass man sie vermisst.
Niccolò Machiavelli	Wenn Du stark bist, dann beginne, wo du stark bist. Wenn nicht, beginne dort, wo du eine Niederlage am leichtesten verschmerzen kannst.
Matthäus 9, 37	Die Ernte ist groß, aber wenige sind der Arbeiter.
Robert Strange McNamara	Das Management ist die schöpferischste aller Künste. Es ist die Kunst, Talente richtig einzusetzen.

Wir entwickeln uns von einer Gesellschaft der Manager zu einer Gesellschaft der Unternehmer.

John Naisbitt

Wenn nur der Kutscher klar sieht, dann wird auch mit blinden Pferden das Ziel erreicht.

Johann Nepomuk Nestroy

Wer befehlen kann, findet welche, die gehorchen müssen.

Friedrich Nietzsche

Organisationstrieb ist ein Trieb, alles in Werkzeug und Mittel zu verwandeln.

Novalis

Spitzenmanager zeichnen sich durch drei Charakteristiken aus: langsames Sprechen, eindrucksvolles Auftreten und völlige Humorlosigkeit.

Johnson O'Connor

Worin liegt die eigentliche Rolle des Managements? Im intelligenten Reagieren auf Veränderungen.

Johnson O'Connor

Die wichtigste Fähigkeit ist die, welche alle anderen ordnet.

Blaise Pascal

Das System, das ein großer Mann erfunden, können kleine nicht verteidigen; auch zum Letztern gehört ein großer.

Jean Paul

Die Welt ist voll brauchbarer Menschen, aber leer an Leuten, die den brauchbaren Mann anstellen.

Johann Heinrich Pestalozzi

Jeder kann das Steuerruder halten, wenn die See ruhig ist.

Publilius Syrus

Walther Rathenau	Stellst Du einen Mann an die Spitze, mag er sein, was er will, Jurist oder Techniker; bewährt er sich, so ist er ein Kaufmann.
Walther Rathenau	Ich habe niemals einen wirklich großen Geschäftsmann gesehen, dem das Verdienen die Hauptsache war.
Walther Rathenau	Die Erfindung des Problems ist wichtiger als die Erfindung der Lösung.
George Ripley	The executive's chief business is to organize, deputize, and supervise.
David Rockefeller	Ich arbeite nach dem Prinzip, dass man niemals etwas selbst tun soll, was jemand anderer für einen erledigen kann.
Theodore Roosevelt	Der beste Manager ist der, der Verstand genug hat, gute Leute auszuwählen, die das erledigen, was er erledigt haben möchte, und der bescheiden genug ist, sich dabei nicht einzumischen.
Antoine de Saint-Exupéry	Wenn Du ein Schiff bauen willst, dann trommle nicht die Männer zusammen, um Holz zu beschaffen, Aufgaben zu vergeben und die Arbeit einzuteilen, sondern lehre die Männer die Sehnsucht nach dem weiten endlosen Meer.
Friedrich Schiller	Wer gar zu viel bedenkt, wird wenig leisten.
Friedrich Schiller	Die Axt im Haus erspart den Zimmermann.

Der große Führer zieht Männer verwandten Charakters an wie der Magnet das Eisen.

Samuel Smiles

Quidquis agis, prudenter agas et respice finem.
(Was auch immer Du tust, tue es klug und denke daran, wie es ausgeht.)

Lateinisches Sprichwort

In ruhigen Gewässern hat jedes Schiff einen guten Kapitän.

Sprichwort

Wenige Leute führen ihre Geschäfte gut, wenn sie nichts anderes tun.

Lord Philip Dormer Stanhope

Die Managerkrankheit ist eine Epidemie, die durch den Uhrzeiger hervorgerufen und durch den Terminkalender übertragen wird.

John Steinbeck

Das Geheimnis erfolgreichen Managements besteht darin, die fünf Leute, die dich hassen, von den fünf Leuten fern zu halten, die sich noch nicht entschieden haben.

Casey Stengel

Wer sich zu wichtig für kleinere Arbeiten hält, ist meistens zu klein für wichtige Aufgaben.

Jacques Tati

Die Basis jeder gesunden Ordnung ist ein großer Papierkorb.

Kurt Tucholsky

Sorgt immer für den Augenblick,
Und Gott lasst für die Zukunft sorgen.

Christoph Martin Wieland

Wenn zwei Menschen im Geschäft immer übereinstimmen, ist einer von ihnen überflüssig.

William Wrigley Jr.

MENSCHEN FÜHREN

Behandle Angestellte wie Partner und sie werden sich wie Partner verhalten.

Fred Allen

Wer nie gelernt hat zu gehorchen wird nie ein guter Befehlshaber sein.

Aristoteles

Selig, wer sich vor Untergebenen so demütig benimmt, wie wenn er vor seinem Obern und Herrn stünde.

Franz von Assisi

In Dir muss brennen, was Du in anderen entzünden willst.

Augustinus

Um wie viel schwer wiegender sind doch die Folgen der Wut als ihre Ursachen.

Marc Aurel

Die Kritik gleicht einer Bürste. Bei allzu leichten Stoffen darf man sie nicht verwenden, denn sonst bliebe nicht mehr übrig.

Honoré de Balzac

© Springer Fachmedien Wiesbaden GmbH, ein Teil von Springer Nature 2020
Springer Fachmedien Wiesbaden GmbH (Hrsg.), *Mitarbeitermotivation – treffend verpackt*,
https://doi.org/10.1007/978-3-658-31665-5_15

Warren G. Bennis	Manager sind Leute, die die Dinge richtig tun; Führungspersönlichkeiten sind Leute, die die richtigen Dinge tun.
Otto von Bismarck	Die Ironie ist eine gefährliche Waffe, weil sie eine vergiftete Waffe ist. Die Maske, die der Angreifer sich vorbindet, erbittert den andern viel mehr als ein offener Hieb; die Menschen ertragen Beschimpfung und Drohung eher als Spott und Ironie. Deshalb soll man gegen Untergebene und Kinder nie ironisch werden.
Andrew Carnegie	Den Beweis der Tüchtigkeit erbringt man nicht so sehr in dem, was man selber leistet, als vielmehr durch die Leistungen derer, mit denen man sich zu umgeben versteht.
Andrew Carnegie	Niemand kann ein guter Leiter sein, wenn er alles selber machen will oder alle Anerkennung für sich haben will.
Sir Winston Churchill	Kritik mag unangenehm sein, aber sie ist notwendig. Sie hat dieselbe Aufgabe wie der Schmerz im menschlichen Körper: die Aufmerksamkeit auf einen ungesunden Zustand zu lenken.
John Churton Collins	Einem Angestellten, der an seinem Vorgesetzten nie etwas auszusetzen hat, solltest du immer misstrauen.
Noël Coward	Die Kritik an anderen hat noch keinem die eigene Leistung erspart.
Luciano de Crescenzo	Die Nichtausübung von Macht missfällt den Leuten. Und wohlgemerkt: nicht den Chefs missfällt das, sondern den Untergebenen.

Unmöglich können wir das Betragen anderer mit Strenge prüfen, wenn wir nicht selbst zuerst unsere Pflicht erfüllen.

Demosthenes

Das Schicksal der Großen ist die unfreiwillige Huldigung der Kleinen.

Charles Dickens

Nur wenige Führungskräfte sehen ein, dass sie letztlich nur eine einzige Person führen können und auch müssen. Diese Person sind sie selbst.

Peter F. Drucker

Wir tadeln an anderen nur die Fehler, aus denen wir Nutzen für uns selbst ziehen können.

Alexandre Dumas der Ältere

Merkmal großer Menschen ist, dass sie an andere weit geringere Anforderungen stellen als an sich selbst.

Marie von Ebner-Eschenbach

Nur geborene Herren sind gute Herren. Weh dem Diener gewesener Diener!

Marie von Ebner-Eschenbach

Das unfehlbare Mittel, Autorität über die Menschen zu erlangen, ist sich ihnen nützlich zu machen.

Marie von Ebner-Eschenbach

Es gibt keine schüchternen Lehrlinge mehr, es gibt nur noch schüchterne Meister.

Marie von Ebner-Eschenbach

Was wir am nötigsten brauchen, ist ein Mensch, der uns zwingt, das zu tun, was wir können.

Ralph Waldo Emerson

Epiktet	Ermahnen ist besser als schelten. Jenes ist sanft und freundlich, dieses hart und rücksichtslos. Jenes sucht die Fehlenden zu verbessern, dieses nur zu überführen.
Anselm Feuerbach	Tadeln ist leicht; deshalb versuchen sich so viele darin. Mit Verstand loben ist schwer; darum tun es so wenige.
Johann Gottlieb Fichte	Der Mensch kann, was er soll; und wenn er sagt: »Ich kann nicht«, so will er nicht.
Theodor Fontane	Wo Verstand befiehlt, ist der Gehorsam leicht.
Malcolm S. Forbes	Der Mensch kann nicht mehr tun, als in seiner Macht steht – aber zumindest das kann er mit aller Macht tun.
Benjamin Franklin	Was in Wut beginnt endet in Scham.
Sigmund Freud	Gegen Angriffe kann man sich wehren. Gegen Lob ist man machtlos.
Friedrich der Große	Der Regent muss sich in die Lage eines Landmannes oder Handwerkers versetzen und sich dann fragen: »Wenn du in dieser Klasse von Menschen geboren wärst, ... was würdest du von dem Regenten verlangen?« Was dann die gesunde Vernunft ihm antwortet, das muss er tun.
Thomas Fuller	Einem guten Pferd solltest du nur selten die Sporen geben.
Sir Walter Gilbey	Ein Arbeitgeber bekommt normalerweise die Arbeitnehmer, die er verdient.

Wenn man von Leuten Pflichten fordert und ihnen keine Rechte zugestehen will, muss man sie gut bezahlen.

Johann Wolfgang von Goethe

Ein edler Mensch zieht edle Menschen an und weiß, sie fest zu halten.

Johann Wolfgang von Goethe

Wer die Menschen behandelt, wie sie sind, macht sie schlechter. Wer die Menschen aber behandelt, wie sie sein könnten, macht sie besser.

Johann Wolfgang von Goethe

Wer andere zu leiten strebt, muss fähig sein, viel zu entbehren.

Johann Wolfgang von Goethe

Wen jemand lobt, den stellt er sich gleich.

Johann Wolfgang von Goethe

Die Mängel erkennt nur der Lieblose. Deshalb, um sie einzusehen, muss man auch lieblos werden, aber nicht mehr, als hierzu nötig ist.

Johann Wolfgang von Goethe

Es ist nicht gut, dass der Mensch alleine sei; und besonders nicht, dass er alleine arbeite; vielmehr bedarf er der Teilnahme und Anregung, wenn etwas gelingen soll.

Johann Wolfgang von Goethe

Behandelt die Menschen so, als ob sie schon wären, wie ihr sie haben wollt -, es ist der einzige Weg, sie dazu zu machen.

Johann Wolfgang von Goethe

Autorität: ohne sie kann der Mensch nicht existieren, und doch bringt sie eben so viel Irrtum als Wahrheit mit sich.

Johann Wolfgang von Goethe

Johann Wolfgang von Goethe	Es ist gut, dass wir die nicht immer kennen, für die wir arbeiten.
Johann Wolfgang von Goethe	Ihr seid auch Männer, wisset eure Axt Zu führen, und dem Mutigen hilft Gott!
Johann Wolfgang von Goethe	Welche Regierung die Beste ist? Jene, die uns lehrt, uns selbst zu regieren.
Johann Wolfgang von Goethe	Der Verständige regiert nicht, aber der Verstand; nicht der Vernünftige, sondern die Vernunft.
Daniel Goeudevert	Eine gute Führungskraft gibt jedem Teammitglied das Gefühl, es habe selbst entschieden.
Jeremias Gotthelf	Wie oft verglimmen die gewaltigsten Kräfte, weil kein Wind sie anbläst.
Thomas Hobbes	Jedermann hat sich zu bemühen, sich den übrigen Menschen anzupassen.
Lee Iacocca	Management ist nichts weiter als Menschen zu motivieren.
Lee Iacocca	Die einzige Möglichkeit, Menschen zu motivieren, ist die Kommunikation.
Karl Immermann	Anerkennung braucht jedermann. Alle Eigenschaften können durch eine tote Gleichgültigkeit der Umgebung zugrunde gerichtet werden.

Wenn du wütend bist, zähle bis zehn, bevor du anfängst zu sprechen; wenn du sehr wütend bist, bis 100.

Thomas Jefferson

Die wahre Regierung muss einem fruchtbaren Sommerregen gleichen, der das trockene Land befeuchtet, ohne dass man ihn hört.

Friedrich Maximilian von Klinger

Ein vornehmer Mensch tadelt sich selbst, ein gewöhnlicher die andern.

Konfuzius

Vier Fünftel aller Management-Probleme sind mit Personalproblemen verknüpft. Kleine Eliten müssen Mittelmaß zu überdurchschnittlichen Leistungen anspornen.

Eberhard von Kuenheim

Die Menschen finden selten ein Wort der Anerkennung füreinander und zeigen wenig Neigung, sich gegenseitig zu loben.

Jean de La Bruyère

Um einen Menschen lange Zeit zu beherrschen, muss man eine leichte Hand haben und ihn so wenig wie möglich seine Abhängigkeit fühlen lassen.

Jean de La Bruyère

Lob ist die einzige Kraft, die uns zu edlen Handlungen antreibt und Ausdauer dafür verleiht.

Jean de La Bruyère

Was uns die Geschichte immer wieder lehrt, ist, dass die Kleinen stets durch die Torheiten der Großen leiden.

Jean de La Fontaine

Nur wenige Menschen sind klug genug, hilfreichen Tadel nichts sagendem Lob vorzuziehen.

François de La Rochefoucauld

François de La Rochefoucauld	Es gibt lobenden Tadel und tadelndes Lob.
François de La Rochefoucauld	Lob ablehnen heißt: zweimal gelobt sein zu wollen.
François de François de La Rochefoucauld	Der Wunsch, das Lob zu verdienen, das man uns erteilt, steigert unsere Tugend, und das Lob, das man Geist und Mut und Schönheit gönnt, hilft mit, sie zu erhöhen.
Laotse	Ein guter Führer ist dann am besten, wenn die Menschen kaum wahrnehmen, dass er existiert.
Stanislaw Jerzy Lec	Wundert euch nicht, dass jemand, der übel riecht, es gern hat, wenn man ihn beweihräuchert.
Lenin	Vertrauen ist gut – Kontrolle ist besser.
Georg Christoph Lichtenberg	Wer Unterricht geben will, von dem kann man mit Recht verlangen, dass er alles in einem Ton sage, der zu bekennen begibt, dass er auch im Fall der Not welchen annehmen könne.
Georg Christoph Lichtenberg	Ehe man tadelt, sollte man immer erst versuchen, ob man nicht entschuldigen kann.
Abraham Lincoln	Man hilft den Menschen nicht, wenn man für sie tut, was sie selbst tun können.
Niccolò Machiavelli	Die beste Methode, um die Intelligenz eines Herrschers einzuschätzen, ist, die Menschen um ihn herum zu betrachten.

Es ist viel sicherer, gefürchtet zu werden, als geliebt zu werden.

Niccolò Machiavelli

Wenn aber ein Blinder den anderen führt, so fallen sie beide in die Grube.

Matthäus 15, 14

Unsicherheit im Befehlen erzeugt Unsicherheit im Gehorsam.

Helmuth Graf von Moltke

Du sollst dem Ochsen, der da drischt, nicht das Maul verbinden.

5. Moses 25,4

Denke stets an die beiden Hebel, die die Menschen bewegen: Interesse und Furcht.

Napoleon Bonaparte

Ein Führer ist jemand, der Hoffnung vermittelt.

Napoleon Bonaparte

Man lobt und tadelt je nach der Gelegenheit, seine Urteilskraft leuchten zu lassen.

Friedrich Nietzsche

Im Lobe ist mehr Zudringlichkeit als im Tadel.

Friedrich Nietzsche

Im Beifall ist immer eine Art Lärm: selbst in dem Beifall, den wir uns selber zollen.

Friedrich Nietzsche

Nicht nur Lob, sondern auch Tadel zur Unzeit bringt Schaden.

Plutarch

Man muss die Menschen so belehren, als ob man sie nicht belehrte, und unbekannte Dinge so vorbringen, als ob es sich um vergessene handelt.

Alexander Pope

Walther Rathenau	Wer Lust hat, über Sklaven zu herrschen ist selbst ein entlaufener Sklave. Frei ist, wem Freie willig folgen und wer Freien willig dient.
Walther Rathenau	Wenn du Menschen beurteilst, so frage nicht nach den Wirkungen, sondern nach den Ursachen der Fehler, die sie machen.
Erich Maria Remarque	Den Charakter eines Menschen erkennt man erst dann, wenn er Vorgesetzter geworden ist.
John D. Rockefeller	Was mich anbetrifft, so zahle ich für die Fähigkeit, Menschen richtig zu behandeln, mehr als für irgendeine andere auf der ganzen Welt.
Theodore Roosevelt	Der beste Vorgesetzte ist derjenige, der sich mit sicherem Instinkt gute Leute aussucht, die tun, was er getan haben möchte, und genügend Selbstbeherrschung besitzt, um sich nicht einzumischen, solange sie es tun.
Friedrich Rückert	Das ist gewiss! Die Magd, wo sie wird Frau im Haus, die schickt ihre Magd' im ärgsten Regen raus.
Antoine de Saint-Exupéry	Ein Führer, das ist einer, der die anderen unendlich nötig hat.
Arthur Schopenhauer	Ein angeknurrter Hund knurrt wieder, ein geschmeichelter schmeichelt zurück.
Seneca	Lang ist der Weg durch Lehren, kurz und erfolgreich durch Beispiele.

Wer die anderen neben sich klein macht, ist nie groß.

Johann Gottfried Seume

Misshandle keinen Knecht, der dir treu dient, noch einen Tagelöhner, der sich redlich müht.

Sirach 10, 26

Befehle nicht, wo dir die Macht gebricht!

Sophokles

Behandle sie wie Hunde, und du bekommst die Arbeit von Hunden; behandle sie wie Menschen, und du bekommst die Arbeit von Menschen.

Harriet Beecher Stowe

Der Führer ist die Welle, die durch das Schiff vorwärtsgetrieben wird.

Leo N. Tolstoi

Auch in den besten, freundschaftlichsten menschlichen Beziehungen sind Lob und Anerkennung so unentbehrlich wie das Öl, das die Räder einer Maschine schmiert, damit sie gleichmäßig laufen.

Leo N. Tolstoi

Wenn man einen Menschen richtig beurteilen will, so frage man sich immer: »Möchtest du den zum Vorgesetzten haben?«

Kurt Tucholsky

Der Chef hat ganz andere Sachen im Kopf, als das Personal denkt. Vor allem denkt er gar nicht so viel an das Personal, wie das Personal annimmt.

Kurt Tucholsky

Gut sein ist edel. Aber anderen zeigen, wie gut sie sein sollen, wirkt edler und macht nicht so viel Mühe.

Mark Twain

Mark Twain	Der beste Weg, dich selber aufzuheitern, ist, andere Leute aufzuheitern.
Vauvenargues	Man mag uns immer Eitelkeit vorwerfen, aber von Zeit zu Zeit haben wir es nötig, unseres Wertes versichert zu werden.
Vauvenargues	Es ist schwer, einen Menschen so hoch einzuschätzen, wie er es selbst wünscht.
Vauvenargues	Es ist ein Zeichen von Mittelmäßigkeit, nur mäßig zu loben.

MISSERFOLG

Segelnd im Glücke zerschellt Menschengeschick an verborgner Klippe.

Aischylos

Wer den Zweifel und die Furcht überwunden hat, hat den Misserfolg überwunden.

James Lane Allen

Es gibt keine Erfolge ohne viele Furcht und viele Widrigkeiten; keine Misserfolge ohne viel Trost und Hoffnungen.

Francis Bacon

Das Unglück ist ebenso wie der Ruhm imstande, Energie zu wecken.

Maurice Barrés

Wenn sich eine Tür schließt, dann öffnet sich eine andere; aber wir schauen meist so lange und so bedauernd auf die geschlossene Tür, dass wir die, die sich für uns öffnen, nicht sehen.

Alexander Graham Bell

© Springer Fachmedien Wiesbaden GmbH, ein Teil von Springer Nature 2020
Springer Fachmedien Wiesbaden GmbH (Hrsg.), *Mitarbeitermotivation – treffend verpackt*,
https://doi.org/10.1007/978-3-658-31665-5_16

Ludwig Börne	Wenn das Schicksal ruft: »Le jeu est fait, messieurs!« – so achten das die wenigsten; erst wenn sie hören: »Rien ne va plus!« bekommen sie Lust, aber zu spät.
Philip Caldwell	Erfolge haben viele Väter, Misserfolge haben keine.
Dale Carnegie	Der Erfolgreiche lernt aus seinen Fehlern und wird auf neuen Wegen von vorne beginnen.
Miguel de Cervantes	Derjenige, der Wohlstand verliert, verliert viel; derjenige, der einen Freund verliert, verliert mehr; doch derjenige, der seinen Mut verliert, verliert alles.
Sir Winston Churchill	Es ist ein großer Vorteil im Leben, die Fehler, aus denen man lernen kann, möglichst früh zu begehen.
Marie von Ebner-Eschenbach	Im Grunde ist jedes Unglück gerade so schwer, wie man es nimmt.
Marie von Ebner-Eschenbach	Alle Enttäuschungen sind gering im Vergleich zu denen, die wir an uns selbst erleben.
Marie von Ebner-Eschenbach	Wir werden vom Schicksal hart oder weich geklopft, es kommt auf das Material an.
Thomas Alva Edison	Nichts ist mir misslungen; ich habe nur 10.000 Wege gefunden, auf denen es nicht funktioniert.
Thomas Alva Edison	Jeder falsche Schritt ist ein weiterer Schritt vorwärts.

Nichts schmerzt so sehr wie fehlgeschlagene Erwartungen, aber gewiss wird auch durch nichts ein zum Nachdenken fähiger Geist so lebhaft wie durch sie erweckt.

Benjamin Franklin

Misserfolg ist die Chance, es beim nächsten Mal besser zu machen.

Henry Ford

Macht euren Dreck alleene!

Friedrich August III. von Sachsen

Es ist ein Gesetz im Leben: Wenn sich eine Tür schließt, öffnet sich dafür eine andere.
Die Tragik ist jedoch die, dass man nach der geschlossenen Tür blickt und die geöffnete nicht beachtet.

André Gide

Es ließe sich alles trefflich schlichten, könnte man die Sachen zweimal verrichten.

Johann Wolfgang von Goethe

Was ich besitze, seh ich wie im Weiten,
Und was verschwand, wird mir zu Wirklichkeiten.

Johann Wolfgang von Goethe

Da stehe ich schon,
Des Chaos vielgeliebter Sohn!

Johann Wolfgang von Goethe

Ich weiß wohl, dass man dem das Mögliche nicht dankt, von dem man das Unmögliche gefordert hat.

Johann Wolfgang von Goethe

Was ist das für eine Zeit, in denen man die Begrabenen beneiden muss.

Johann Wolfgang von Goethe

Ja, aus den Augen, aus dem Sinn.

Johann Wolfgang von Goethe

| Baltasar Gracián y Morales | Nie sich beklagen. Das Klagen schadet stets unserem Ansehen. |

| Giovanni Guareschi | Sobald ein Optimist ein Licht erblickt, das es gar nicht gibt, findet sich ein Pessimist, der es wieder ausbläst. |

| William Hazlitt | Wohlstand ist ein großer Lehrer; Missgeschicke sind ein größerer. |

| Heinrich Heine | Wir haben nicht geweinet,
Wir seufzten nicht Weh und Ach!
Die Tränen und die Seufzer,
Die kamen hintennach. |

| Homer | Aber der Mensch entwirft, und Zeus vollendet es anders! |

| Victor Hugo | Missgeschicke erzeugen Männer, Erfolge erzeugen Monster. |

| Lee Iacocca | Im Leben jedes Menschen gibt es Zeiten, in denen aus Unglück Fortschritt erwächst. Es gibt Zeiten, wo einem die Dinge so schlimm erscheinen, dass man das Schicksal bei den Hörnern packen und schütteln muss. |

| Jesse Jackson | Es kann sein, dass du nicht dafür verantwortlich bist, dass du zu Boden gehst; aber du bist auf jeden Fall dafür verantwortlich, wieder auf die Beine zu kommen. |

| John Maynard Keynes | Die Allerweltsweisheit lehrt, dass es besser für das Ansehen ist, auf konventionelle Art zu versagen, als auf ungewöhnliche Art Erfolg zu haben. |

Ich betrachte jeden Misserfolg als eine Stufe zum Erfolg. *Hazrat Inayat Khan*

Dem klugen Schützen gleicht der höhere Mensch. *Konfuzius*
Verfehlt dieser sein Ziel, so wendet er sich ab und sucht
die Ursache seines Fehlschusses in sich selbst.

Unser größter Ruhm liegt nicht darin, niemals zu fallen, *Konfuzius*
sondern jedes Mal wieder aufzustehen, wenn wir geschei-
tert sind.

Welche Schande wir uns auch zugezogen haben, es steht *François de*
fast immer in unserer Macht, unsern Ruf wiederherzustellen. *François de La Rochefoucauld*

Er hat mich einiger Fäden des frömmsten Geifers *Georg Christoph*
gewürdigt und sein geweihtes Pfui über mein Werkchen *Lichtenberg*
ausgespuckt.

Jedermann ist sehr bereitwillig, durch Schaden klug zu *Georg Christoph*
werden, wenn nur der erste Schade, der dieses lehrt, *Lichtenberg*
wieder ersetzt würde.

Ein gutes Gedächtnis ist eine gute Gabe Gottes. Vergessen *Georg Christoph*
können ist oft noch eine bessere Gabe Gottes. *Lichtenberg*

Vae victis! *Livius*
(Wehe den Besiegten!)

Wo das Aas ist, da sammeln sich die Geier. *Matthäus 24, 28*

William Somerset Maugham	Es stimmt nicht, dass der Erfolg die Menschen verdirbt. Die meisten Menschen werden durch den Misserfolg verdorben.
Napoleon Bonaparte	Vom Erhabenen zum Lächerlichen ist nur ein Schritt.
Friedrich Nietzsche	Der getretene Wurm krümmt sich. So ist es klug. Er verringert damit die Wahrscheinlichkeit, von Neuem getreten zu werden. In der Sprache der Moral: Demut.
Friedrich Nietzsche	Was mich nicht umbringt, macht mich stärker.
Jean Paul	Gegen das Fehlschlagen eines Planes gibt es keinen besseren Trost, als auf der Stelle einen neuen zu machen oder bereitzuhalten.
Properz	In großen Dingen ist auch nur gewollt zu haben schon genug.
Friedrich Schiller	Nur schade, Zu fein geschärfet, dass die Spitze brach!
Arthur Schopenhauer	Hindernisse überwinden ist der Vollgenuss des Daseins.
William Shakespeare	Kein Weiser jammert um den Verlust; er sucht mit freudigem Mut, ihn zu ersetzen.
George Bernard Shaw	Als ich ein junger Mann war, merkte ich, dass von zehn Dingen, die ich tat, neun fehlschlugen. Ich wollte kein Versager sein und arbeitete deshalb zehnmal so viel.

Der Unterschied zwischen Fehlschlag und Erfolg besteht darin, dass etwas nahezu richtig oder genau richtig werde.

Charles Simmons

Das Unglück ist der Prüfstein des Charakters.

Samuel Smiles

Lieber ein Ende mit Schrecken als ein Schrecken ohne Ende.

Sprichwort

Ave, Imperator, morituri te salutant!
(Heil Dir, Kaiser, die dem Tod Geweihten grüßen Dich!)

Sueton

Das Auge eines Kritikers ist oft wie ein Mikroskop, so gar fein und krittlich gebaut, dass es die Atome, Körnchen und kleinste Partikel entdeckt, ohne jemals das Ganze zu begreifen.

Jonathan Swift

Man muss die Schlacht oft mehr als einmal schlagen, um sie zu gewinnen.

Margret Thatcher

Es ist töricht, sich im Kummer die Haare zu raufen, denn noch niemals ist Kahlköpfigkeit ein Mittel gegen Probleme gewesen.

Mark Twain

Die einzige Rettung für die Besiegten ist, auf keine Rettung mehr zu hoffen.

Vergil

Ein Schaden ist gut, der zwei Vorteile gewinnt.

Walther von der Vogelweide

Zwischen Unglück haben und unglücklich sein ist, Gott sei Dank, ein himmelweiter Unterschied.

Karl Julius Weber

Oscar Wilde Leute, die sich die Finger verbrennen, verstehen nichts vom Spiel mit dem Feuer.

Wilhelm I. Durch Demütigungen habe ich mehr gelernt als durch alle Siege.

MOTIVATION

Jeden Morgen wacht in Afrika eine Gazelle auf und weiß, dass sie schneller laufen muss als ein Löwe, oder sie wird gefressen. Jeden Morgen wacht in Afrika ein Löwe auf und weiß, dass er schneller laufen muss als eine Gazelle, oder er wird verhungern. Es ist unwichtig, ob du eine Gazelle oder ein Löwe bist. Wenn die Sonne aufgeht, solltest du besser laufen.

Anonymus

Beginne mit dem, was notwendig ist, dann tue dein Möglichstes, und plötzlich wirst du das Unmögliche vollbringen.

Franz von Assisi

Glauben ist nichts anderes als für wahr halten, was man nicht sieht.

Augustinus

In Dir muss brennen, was Du in anderen entzünden willst.

Augustinus

Das größte Vergnügen im Leben besteht darin, das zu tun, von dem die Leute sagen, du könntest es nicht.

Walter Bagehot

© Springer Fachmedien Wiesbaden GmbH, ein Teil von Springer Nature 2020
Springer Fachmedien Wiesbaden GmbH (Hrsg.), *Mitarbeitermotivation – treffend verpackt*,
https://doi.org/10.1007/978-3-658-31665-5_17

Maurice Barrés	Das Unglück ist ebenso wie der Ruhm imstande, Energien zu wecken.
Ambrose Bierce	Begeisterung: eine in der Jugend auftretende Unruhe, die durch geringe Dosen Reue in Verbindung mit äußerlich angewandter Erfahrung heilbar ist.
Otto von Bismarck	Das Bedürfnis hoher Anerkennung ist eines der Passiva, die auf den meisten ungewöhnlichen Begabungen ruhen.
Lord Byron	Begeisterung ist nichts anderes als moralische Trunkenheit.
Thomas Carlyle	Die Zeit ist schlecht? Wohlan! Du bist da, sie besser zu machen.
Andrew Carnegie	Du kannst niemanden die Leiter hinaufschubsen, wenn er sie nicht selber hinaufsteigen will.
Catull	Perfer, obdura! (Halte durch, bleibe hart!)
Cicero	Suche nicht andere, sondern Dich selbst zu übertreffen.
Calvin Coolidge	Nichts in der Welt kann Beharrlichkeit ersetzen; Talent kann es nicht, denn nichts gibt es häufiger als erfolglose Menschen mit Talent; Genie kann es nicht, denn die Welt ist voll mit hochgebildeten Obdachlosen. Der Spruch »Bleib dran!« hat immer und wird immer die Probleme der Menschen lösen.

Wenn es einen Glauben gibt, der Berge versetzen kann, so ist es der Glaube an die eigene Kraft.

Marie von Ebner-Eschenbach

Begeisterung spricht nicht immer für den, der sie erweckt, und immer für den, der sie empfindet.

Marie von Ebner-Eschenbach

Genie besteht aus 1 Prozent Inspiration und 99 Prozent Transpiration.

Thomas Alva Edison

Schließe jeden Tag ganz und völlig ab. Du hast getan, was du konntest. Wahrscheinlich hat es nicht an Missgriffen und Dummheiten gefehlt: vergiss sie so schnell als möglich. Morgen ist ein neuer Tag, fange ihn heiter an und mit freiem, durch die alte Torheit nicht bedrücktem Geist. Das Heute ist gut und wertvoll: zu wertvoll mit seinen Hoffnungen und Aufforderungen, um auch nur einen Augenblick davon mit Gedanken an gestern zu verschwenden.

Ralph Waldo Emerson

Nichts großes wurde jemals ohne Begeisterung vollbracht. Der Weg des Lebens ist wunderbar. Er beruht auf völliger Hingabe. In großen Augenblicken der Geschichte macht die Kraft der Ideen das Vollbringen leicht, ähnlich wie wir es bei den Schöpfern des Genius und der Religion sehen.

Ralph Waldo Emerson

Nichts ist schrecklich, was notwendig ist.

Euripides

Alles überwindet der Mensch; aber nur, wenn die Überwindung für ihn eine Notwendigkeit ist – alles vermag er, wenn er muss.

Ludwig Feuerbach

Nicht die Größe der Aufgabe entscheidet, sondern das Wie, mit dem wir die kleinste zu lösen verstehen.

Theodor Fontane

Theodor Fontane	Courage ist gut, aber Ausdauer ist besser. Ausdauer, das ist die Hauptsache.
B. C. Forbes	Man kann mehr Ansehen und Befriedigung erlangen, wenn man ein erstklassiger Fernfahrer ist, als wenn man ein zehntklassiger Geschäftsführer ist.
Benjamin Franklin	Einen Nagel schlägt man nicht mit einem einzigen Schlag in die Kiste.
Sigmund Freud	Gegen Angriffe kann man sich wehren, gegen Lob ist man machtlos.
Friedrich der Große	Wer sich an die Fantasie der Menschen wendet, wird immer den besiegen, der auf ihren Verstand einwirken will.
Emanuel Geibel	Greif entschlossen zur Arbeit. Was die Träne nicht löst, löst – dich erquickend – der Schweiß.
Johann Wolfgang von Goethe	Lust und Liebe sind die Fittiche zu großen Taten.
Johann Wolfgang von Goethe	Das Gleiche lässt uns in Ruhe, aber der Widerspruch ist es, der uns produktiv macht.
Johann Wolfgang von Goethe	Ein edles Beispiel macht die schweren Taten leicht.
Johann Wolfgang von Goethe	Begeisterung ist keine Heringsware, die man einpökelt auf einige Jahre.

Was immer Du tun kannst oder wovon Du träumst – fange
es an. In der Kühnheit liegt Genie, Macht und Magie.

Johann Wolfgang von Goethe

Drum frisch! Lass alles Sinnen sein,
Und grad mit in die Welt hinein!

Johann Wolfgang von Goethe

Willst du dich am Ganzen erquicken,
So musst du das Ganze im Kleinsten erblicken.
Bleib nicht am Boden heften,
Frisch gewagt und frisch hinaus!

Johann Wolfgang von Goethe

Werd ich beruhigt je mich auf ein Faulbett legen,
So sei es gleich um mich getan!

Johann Wolfgang von Goethe

Ihr seid auch Männer, wisset eure Axt
Zu führen, und dem Mutigen hilft Gott!

Johann Wolfgang von Goethe

Aller Anfang ist schwer, am schwersten der Anfang der
Wirtschaft.

Johann Wolfgang von Goethe

Ohne Begeisterung schlafen die besten Kräfte unseres
Gemütes.
Es ist ein Zunder in uns, der funken will.

Johann Wolfgang von Goethe

Heute sorget ihr für morgen, morgen für die Ewigkeit. Ich
will heut' für heute sorgen. Morgen ist für morgen Zeit.

Franz Grillparzer

Carpe diem ...
(Ergreife den Tag!)

Horaz

Es geht um deine Sachen, wenn die nächste Wand brennt.

Horaz

Horaz	Die Hälfte des Werkes hat, wer nur erst angefangen hat.
Victor Hugo	Wenig Arbeit ist eine Bürde, viel Arbeit eine Freude.
Lee Iacocca	Management ist nichts weiter als Menschen zu motivieren.
Karl Immermann	Anerkennung braucht jedermann. Alle Eigenschaften können durch totale Gleichgültigkeit der Umgebung zugrunde gerichtet werden.
Thomas Jefferson	Man muss jedem Hindernis Geduld, Beharrlichkeit und eine sanfte Stimme entgegenstellen.
Juvenal	Das will ich, so befehle ich es, anstelle des Grundes stehe mein Wille.
Karl Kraus	Nach Ägypten war's nicht so weit. Aber bis man zum Südbahnhof kommt.
Jean de La Bruyère	Die Menschen finden selten ein Wort der Anerkennung füreinander und zeigen wenig Neigung, sich gegenseitig zu loben.
Gotthold Ephraim Lessing	Still mit dem Aber! Die Aber kosten Überlegung...
Georg Christoph Lichtenberg	Was hilft aller Sonnenaufgang, wenn wir nicht aufstehen?

Eigentum ist eine Frucht von Arbeit. Eigentum ist wünschenswert, ein positives Gut in der Welt. Dass einige reich sind, zeigt, dass andere reich werden können, und das ist wiederum eine Ermutigung für Fleiß und Unternehmensgeist.

Abraham Lincoln

If you aren't fired with enthusiasm, you will be fired with enthusiasm.

Vince Lombardi

Ich möchte lieber Asche sein als Staub. Ich möchte meinen Funken lieber in einem gleißenden Licht untergehen sehen als erstickt von trockener Fäulnis. Ich möchte lieber ein scheinender Meteor sein, jedes einzelne Atom in prachtvollem Feuer, als ein lahmer und dauerhafter Planet. Die Aufgabe eines Menschen ist, zu leben, nicht zu existieren. Ich werde nicht meine Zeit mit dem Versuch verbringen, sie zu verlängern. Ich werde meine Zeit nutzen.

Jack London

Ex nihilo nihil.
(Aus nichts wird nichts.)

nach Lukrez

Die einmalige Gelegenheit, die Du suchst, ist in Dir selbst. Sie ist nicht in Deiner Umgebung, sie ist kein Glücks- oder Zufall oder eine Chance oder Hilfe anderer. Sie liegt in Dir allein.

Orison Swett Marden

Bittet, so wird euch gegeben; suchet, so werdet ihr finden; klopfet an, so wird euch aufgetan.

Matthäus 7, 7

Es gibt zwei Motive der menschlichen Handlungen: Eigennutz und Furcht.

Napoleon Bonaparte

Napoleon Bonaparte	Ein Führer ist jemand, der Hoffnung vermittelt.
Ovid	Gutta cavat lapidem. (Steter Tropfen höhlt den Stein.)
Louis Pasteur	Der Wille öffnet die Türen zum Erfolg.
Norman Vincent Peale	Begeisterung ist der nie erlahmende Impuls, der uns beharrlich unser Ziel verfolgen lässt.
Platon	Der Anfang ist die Hälfte des ganzen.
Josiah Quincy	Wenn du mehrere unangenehme Aufgaben zu erledigen hast, erledige die unangenehmste zuerst.
Jacob Riis	Wenn nichts mehr zu helfen scheint, schaue ich einem Steinmetz zu, der vielleicht 100-mal auf seinen Stein einhämmert, ohne dass sich auch nur der geringste Spalt zeigt; doch beim 101. Schlag wird er entzweibrechen, und ich weiß, dass es nicht dieser Schlag war, der es vollbracht hat – sondern alle Schläge zusammen.
Franklin D. Roosevelt	Die einzige Begrenzung, das Morgen zu verwirklichen, werden unsere Zweifel von heute sein.
John Ruskin	Wenn Menschen bei ihrer Arbeit glücklich sein sollen, braucht es dafür drei Dinge: Sie müssen sie gerne tun. Sie dürfen nicht zu viel davon tun. Und sie müssen ein Gefühl von Erfolg in Ihrer Arbeit haben.

Fliehet aus dem engen, dumpfen Leben
In des Ideales Reich.

*Friedrich
Schiller*

Alles zu retten muss alles gewagt werden.

*Friedrich
Schiller*

Ein Augenblick, gelebt im Paradiese,
Wird nicht zu teuer mit dem Tod gebüßt.

*Friedrich
Schiller*

Die starke Wirkung des Beispiels beruht auf dem Mangel
an eigenem Urteil und dem Nachahmungstrieb.

*Arthur
Schopenhauer*

Wer will, der kann; wer nicht will, der muss.

Seneca

Treibt die Furcht aus! Dann ist Hoffnung, dass der gute
Geist einziehen werde.

*Johann
Gottfried Seume*

Wenn wir nicht von vorne anfangen, dürfen wir nicht
hoffen, weiter zu kommen.

*Johann
Gottfried Seume*

Energie als Mittelpunkt des Willens schafft die Wunder
der Begeisterung zu allen Zeiten. Überall ist sie Triebfeder
dessen, was wir Charakterstärke nennen, und die erhal-
tende Kraft jeder großen Tat.

Samuel Smiles

Begeisterung flößt der menschlichen Seele die Kraft ein,
ihre schönsten Anregungen zu machen.

Samuel Smiles

Ehre und Nutzen liegen nicht immer im gleichen Sack.

Samuel Smiles

Sprichwort	Wer kämpft, kann verlieren. Wer nicht kämpft, hat schon verloren.
Sprichwort	Wer Kirschen mag lernt schnell zu klettern.
Sprichwort	Es ist besser, ein Licht anzuzünden, als über die Dunkelheit zu klagen.
Sprüche 16,26	Der Hunger hilft dem Arbeiter bei der Arbeit; denn sein Mund treibt ihn an.
Sprüche 6, 6	Geh hin zur Ameise, du Fauler, sieh an ihr Tun und Lerne von ihr!
Lord Philip Dormer Stanhope	Was überhaupt wert ist, getan zu werden, ist es auch wert, ordentlich getan zu werden.
Terenz	Es ist kein Ding so leicht, dass es nicht schwierig wird, wenn man es ungern tut.
Terenz	Nichts ist so schwierig, dass es nicht durch Nachforschen aufgespürt werden könnte.
William Makepeace Thackeray	Wage, und die Welt gibt immer nach. Wenn sie manchmal trotzdem zurückschlägt, wage es aufs Neue, und Du wirst sehen: Sie ordnet sich unter.
Leo N. Tolstoi	Denke immer daran, dass es nur eine allerwichtigste Zeit gibt, nämlich sofort.

Alles nimmt ein gutes Ende für den, der warten kann.   *Leo N. Tolstoi*

Entscheidend ist nicht die Größe des Hundes, der kämpft,   *Mark Twain*
sondern die Größe des Kampfes in dem Hund.

Halte dich von Leuten fern, die deinen Ehrgeiz schmälern   *Mark Twain*
wollen. Kleine Leute tun das immer, aber die wirklich
großen Leute lassen dich fühlen, dass auch du groß
werden kannst.

Das Geheimnis des Vorankommens liegt im Anfangen.   *Mark Twain*
Das Geheimnis des Anfangens liegt im Aufteilen kompli-
zierter, überwältigender Aufgaben in kleine, zu bewälti-
gende Aufgaben – und dann mit der Ersten anzufangen.

Wir würden uns weniger um die Achtung der Menschen   *Vauvenargues*
bemühen, wenn wir wüssten, dass wir Ihrer wert sind.

Begeisterung ist jene Laune des Geistes, bei der die   *William*
Vorstellungskraft den besseren Teil der Urteils ausmacht.   *Warburton*

Wenige Dinge helfen einem Menschen mehr als ihm   *Booker T.*
Verantwortung zu übertragen und ihn wissen zu lassen,   *Washington*
dass man ihm vertraut.

Unzufriedenheit ist der erste Schritt zum Erfolg.   *Oscar Wilde*

MUT UND ANGST

Wenn die Gefahr weit weg ist, ist es leicht, mutig zu sein.   *Aesop*

Das Grauenvolle – das ist das, was zugleich lockt und schreckt.   *Aischylos*

Wer den Zweifel und die Furcht überwunden hat, hat den Misserfolg überwunden.   *James Lane Allen*

Alles mag man fürchten, nur nicht, was man bekämpft.   *Bettina von Arnim*

Wo das Müssen beginnt, hört das Fürchten auf.   *Otto von Bismarck*

Die Regierungen tun öfter Böses aus Feigheit als aus Übermut.   *Ludwig Börne*

Es ist nichts zu fürchten als die Furcht.   *Ludwig Börne*

© Springer Fachmedien Wiesbaden GmbH, ein Teil von Springer Nature 2020
Springer Fachmedien Wiesbaden GmbH (Hrsg.), *Mitarbeitermotivation – treffend verpackt*,
https://doi.org/10.1007/978-3-658-31665-5_18

Ludwig Börne	Man muss niemand fürchten als sich selbst.
Miguel de Cervantes	Furcht lässt uns die Dinge anders erscheinen, als sie sind.
Miguel de Cervantes	Derjenige, der Wohlstand verliert, verliert viel; derjenige, der einen Freund verliert, verliert mehr; doch derjenige, der seinen Mut verliert, verliert alles.
Marie Curie	Man muss vor nichts im Leben Angst haben, wenn man seine Angst versteht.
Demokrit	Mut steht am Anfang des Handelns, Glück am Ende.
Fjodor Michailowitsch Dostojewski	Die Angst ist der Fluch des Menschen.
Ralph Waldo Emerson	Tu stets das, was du zu tun fürchtest.
Ralph Waldo Emerson	Wer nicht täglich seine Furcht überwindet, hat die Lektion des Lebens nicht gelernt.
Theodor Fontane	Courage ist gut, aber Ausdauer ist besser. Ausdauer, das ist die Hauptsache.
Friedrich der Große	Klugheit ist geeignet zu bewahren, was man besitzt, doch allein die Kühnheit versteht zu erwerben.
André Gide	Man entdeckt keine neuen Erdteile, ohne den Mut zu haben, alte Küsten aus den Augen zu verlieren.

Mut verloren – alles verloren! Da wäre es besser nicht geboren.

Johann Wolfgang von Goethe

Der Feige droht nur, wo er sicher ist.

Johann Wolfgang von Goethe

Die ganze Welt ist voll armer Teufel, denen mehr oder weniger angst ist.

Johann Wolfgang von Goethe

Feiger Gedanken
Bängliches Schwanken,
Weibisches Zagen,
Ängstliches Klagen
Wendet kein Elend,
Macht Dich nicht frei.

Johann Wolfgang von Goethe

Es ist klug und kühn, dem unvermeidlichen Übel entgegenzugehen.

Johann Wolfgang von Goethe

Mut und Bescheidenheit sind die unzweideutigsten Tugenden; denn sie sind von der Art, dass Heuchelei sie nicht nachahmen kann.

Johann Wolfgang von Goethe

Angst ist für die Seele genauso gesund wie ein Bad für den Körper.

Maxim Gorki

Wo die Angst im Leibe steckt, da ist auch Gefahr allenthalben.

Jeremias Gotthelf

Dem Mutlosen gilt alles nichts, dem Mutigen wenig viel.

Jeremias Gotthelf

Viele glauben nichts, aber fürchten alles.

Christian Friedrich Hebbel

Homer	Erduldenden Mut verlieh dem Menschen das Schicksal.
Alexander von Humboldt	Jeder muss den Mut der Überzeugung haben.
Andrew Jackson	Ein Mann mit Mut ist eine Mehrheit.
Immanuel Kant	Wir denken selten bei dem Licht an Finsternis, beim Glück an Elend; bei der Zufriedenheit an Schmerz; aber umgekehrt jederzeit.
Martin Luther King	Wir müssen immerfort Deiche des Mutes bauen gegen die Flut der Furcht.
Konfuzius	Das Rechte erkennen und nicht tun, ist Mangel an Mut.
François de François de La Rochefoucauld	Wir versprechen aus Hoffnung, und wir halten aus Frucht.
Martin Luther	Ich fürchte nichts, weil ich nichts habe.
Napoleon Bonaparte	Der wahre Heldenmut besteht darin, über das Elend des Lebens erhaben zu sein.
Friedrich Nietzsche	Habt ihr Acht gegeben, was für Menschen am meisten Wert auf strengste Gewissenhaftigkeit legen? Die, welche sich vieler erbärmlichen Empfindungen bewusst sind, ängstlich von sich und an sich denken und Angst vor anderen haben.
Friedrich Nietzsche	Furcht: die Mutter der Moral.

Man wird selten irren, wenn man extreme Handlungen auf Eitelkeit, mittelmäßige auf Gewohnheit und kleinliche auf Furcht zurückführt.

Friedrich Nietzsche

Furcht und Intelligenz: Der Grad der Furchtsamkeit ist ein Gradmesser der Intelligenz.

Friedrich Nietzsche

Der Furchtsame erschrickt vor der Gefahr, der Feige in ihr, der Mutige nach ihr.

Jean Paul

Mut besteht nicht darin, dass man die Gefahr blind übersieht, sondern darin, dass man sie sehend überwindet.

Jean Paul

Das Glück unterstützt den Tapferen.

Plinius d. J.

Zaghaften Sinnes ersteigst du nicht des Lebens Höhen.

Publilius Syrus

Und die Angst beflügelt den eilenden Fuß.

Friedrich Schiller

Verloren ist alles, sobald man Mutlosigkeit blicken lässt; nur die Zuversicht, die man selbst zeigt, kann Vertrauen entflammen.

Friedrich Schiller

Furcht soll das Haupt des Glücklichen umschweben, Denn ewig wanket des Geschickes Waage.

Friedrich Schiller

Wer nichts fürchtet, ist nicht weniger mächtig als der, den alles fürchtet.

Friedrich Schiller

Friedrich Schiller	Hat unsere Seele nur einmal Entsetzen genug in sich getrunken, so wird das Auge in jedem Winkel Gespenster sehen.
Johann Gottfried Seume	Treibt die Furcht aus! Dann ist Hoffnung, dass der gute Geist einziehen werde.
William Shakespeare	Das Schlimmste fürchten, heilt oft das Schlimmste.
William Shakespeare	Es steigt der Mut mit der Gelegenheit.
William Shakespeare	Der Feige stirbt schon vielmal, eh er stirbt, Die Tapfern kosten einmal nur den Tod.
Sprichwort	Auch der längste Weg beginnt mit einem Schritt.
Terenz	Fortes fortuna adjuvat. (Dem Mutigen hilft das Glück.)
Ludwig Tieck	Die sorgfältige Feigherzigkeit hält uns immer von Taten zurück, deren wir uns freuen würden, wenn nur der Augenblick der Ausübung erst vorüber wäre.
Mark Twain	Mut ist Widerstand gegen die Angst, die Meisterung der Angst – nicht die Abwesenheit von Angst.

OPTIMISMUS

Die Gewohnheit, alle Dinge von der Lichtseite zu betrach- *David Hume*
ten, ist mehr wert, als ein Einkommen von Tausenden.

Statt mich zu beklagen, dass die Rose Dornen hat, freue *Joseph Joubert*
ich mich darüber, dass die Dornen Rosen tragen, dass auf
der Hecke Blumen wachsen.

Optimismus: die Torheit zu behaupten, dass alles gut sei, *Voltaire*
wenn es schlecht ist.

© Springer Fachmedien Wiesbaden GmbH, ein Teil von Springer Nature 2020
Springer Fachmedien Wiesbaden GmbH (Hrsg.), *Mitarbeitermotivation – treffend verpackt*,
https://doi.org/10.1007/978-3-658-31665-5_19

PERSÖNLICHKEIT

Bescheidenheit kann schwerlich als Tugend bezeichnet werden. Sie ist mehr ein Gefühl als eine Neigung. Sie ist eine Art Furcht dem üblen Ruf zu verfallen.

Aristoteles

Das Benehmen eines Menschen sollte wie seine Kleidung sein, nicht steif und peinlich akkurat, sondern frei genug, um sich zu bewegen und sich zu bestätigen.

Francis Bacon

Bescheidenheit ist das Gewissen des Körpers.

Honoré de Balzac

Es ist sein Herz, das einen Mann reich macht. Er ist reich entsprechend dem, was er ist, nicht entsprechend dem, was er hat.

Henry Ward Beecher

Egoismus ist das verabscheuungswürdige Laster, das keiner bei anderen vergeben will und ohne das er selbst nicht sein kann.

Henry Ward Beecher

© Springer Fachmedien Wiesbaden GmbH, ein Teil von Springer Nature 2020
Springer Fachmedien Wiesbaden GmbH (Hrsg.), *Mitarbeitermotivation – treffend verpackt*,
https://doi.org/10.1007/978-3-658-31665-5_20

Warren G. Bennis	Manager sind Leute, die die Dinge richtig tun; Führungspersönlichkeiten sind Leute, die die richtigen Dinge tun.

Ambrose Bierce	Selbstsüchtig: ohne Rücksicht auf die Selbstsucht anderer.

Wilhelm Busch	Enthaltsamkeit ist das Vergnügen an Sachen, welche wir nicht kriegen.

Thomas Carlyle	Popularität ist wie die Flamme einer Illumination oder auch einer Feuersbrunst, die um einen Mann herum entzündet wird. Sie zeigt, was an ihm ist, vermehrt seine Eigenschaften aber nicht im Mindesten. Oft sogar entfremdet sie ihm vieles und verbrennt den armen Mann selbst zur Asche.

Thomas Carlyle	Lasset uns das heilige Mysterium einer Persönlichkeit mit Achtung behandeln! Rennet nicht ehrfurchtslos in eines Menschen innerstes Heiligtum!

Nicolas Chamfort	Man erreicht nichts mit seiner Intelligenz, wenig mit seinem Geist, alles mit seinem Charakter.

Nicolas Chamfort	Wer keinen Charakter hat, ist kein Mensch; er ist nur eine Sache.

Cicero	Nosce te! (Erkenne dich selbst!)

Cicero	Das steht jedem am besten, was ihm am natürlichsten ist.

Gute Erziehung besteht darin, dass man verbirgt, wie viel man von sich selber hält und wie wenig von den anderen.

Jean Cocteau

Andere neidlos Erfolge erringen sehen, nach denen man selbst strebt, ist Größe.

Marie von Ebner-Eschenbach

Wir werden vom Schicksal hart oder weich geklopft; es kommt auf das Material an.

Marie von Ebner-Eschenbach

Es gibt keinen besseren Grund, höflich zu sein, als die Überlegenheit.

Marie von Ebner-Eschenbach

Selbst der bescheidenste Mensch hält mehr von sich als sein bester Freund von ihm hält.

Marie von Ebner-Eschenbach

Das Wertvollste im Leben ist die Entfaltung der Persönlichkeit und ihrer schöpferischen Kräfte.

Albert Einstein

Persönlichkeiten werden nicht durch schöne Reden geformt, sondern durch Arbeit und eigene Leistung.

Albert Einstein

Der Gentleman ist ein Mann der Wahrheit, Herr über sein eigenes Handeln und fähig, dieses Herrentum in seinem Benehmen zum Ausdruck zu bringen. Er macht sich in keiner Weise abhängig und ist weder Personen noch Meinungen noch dem Reichtum dienstbar.

Ralph Waldo Emerson

Gute Manieren bestehen aus lauter kleinen Opfern.

Ralph Waldo Emerson

Der Erfolg eines Menschen ist immer im Grundgefüge seiner Persönlichkeit begründet.

Ralph Waldo Emerson

Epiktet	Gib endlich deiner Persönlichkeit ein dauerndes Gepräge, das du bewahrst, ob du nun für dich allein oder mit anderen zusammen bist.
Epiktet	Wenn du gut sein willst, dann nimm zuerst an, dass du schlecht bist.
Henry Ford	Ein Idealist ist jemand, der anderen Leuten dabei hilft, reich zu werden.
Tom Ford	Stil ist, eine Identität zu erwerben, nicht ein Label.
Benjamin Franklin	Wer der Meinung ist, dass man für Geld alles haben kann, gerät leicht in den Verdacht, dass er für Geld alles zu tun bereit ist.
Johann Wolfgang von Goethe	Es gibt problematische Naturen, die keiner Lage gewachsen sind, in der sie sich befinden, und denen keine genug tut. Daraus entsteht der ungeheure Widerstreit, der das Leben ohne Genuss verzehrt.
Johann Wolfgang von Goethe	Der Mensch wirkt alles, was er vermag, auf den Menschen durch seine Persönlichkeit.
Johann Wolfgang von Goethe	Das Betragen ist ein Spiegel, in welchem jeder sein Bild zeigt.
Johann Wolfgang von Goethe	Von Natur besitzen wir keinen Fehler, der nicht zur Tugend, keine Tugend, die nicht zum Fehler werden könnte.

Aufrichtig zu sein, kann ich versprechen, unparteiisch zu sein, aber nicht.

Johann Wolfgang von Goethe

Ein großer Fehler: dass man sich mehr dünkt, als man ist, und sich weniger schätzt, als man wert ist.

Johann Wolfgang von Goethe

Es bildet ein Talent sich in der Stille, sich ein Charakter in dem Strom der Welt.

Johann Wolfgang von Goethe

Ein schönes Benehmen ist der Schmuck des Lebens, und jeder angenehme Ausdruck hilft wundervoll von der Stelle.

Balthasar Gracián y Morales

Ruhm ist Nebel, Beliebtheit ist Zufall, Reichtümer haben Flügel. Es gibt nur eine Sache, die dauerhaft ist, und das ist Persönlichkeit.

Horace Greeley

Zum Handeln gehört wesentlich Charakter, und ein Mensch von Charakter ist ein anständiger Mensch, der als solcher bestimmte Ziele vor Augen hat und diese mit Festigkeit verfolgt.

Georg Wilhelm Friedrich Hegel

Ein Talent können wir nach einer einzigen Manifestation erkennen, für die Anerkennung des Charakters bedürfen wir aber eines langen Zeitraumes und beständiger Öffentlichkeit.

Heinrich Heine

Der Charakter eines Menschen ist der Quellgrund seines Schicksals. Jeder gestaltet durch seine Wesensart, seine Denk- und Tatrichtung sein Glück oder Unglück.

Heraklit

Bescheidenheit ist die zarte Kunst, deinen Charme zu erhöhen, indem du vorgibst, seiner nicht gewahr zu sein.

Oliver Herford

| William Lewis Hertslet | Die Menschen haben immer das Bedürfnis, große Persönlichkeiten zu zerschlagen, weil sie sie nicht fassen können. |

| Hugo von Hofmannsthal | Wer im Verkehr mit Menschen die Manieren einhält, lebt von seinen Zinsen; wer sich über sie hinwegsetzt, greift sein Kapital an. |

| Horaz | Non sum, qualis eram. (Ich bin nicht, wie ich war.) |

| Immanuel Kant | Der Charakter ist ein Fels, an welchem gestrandete Schiffe landen und anstürmende scheitern. |

| Immanuel Kant | Die Pflicht gegen sich selbst besteht darin, dass der Mensch die Würde der Menschheit in seiner eigenen Person bewahre. |

| Sören Kierkegaard | Das Große ist nicht, dass einer dies oder jenes ist, sondern dass er selbst es ist; und das kann jeder Mensch sein, wenn er will. |

| Konfuzius | Kannst du dir eine unbedeutende Person als hohen Beamten vorstellen? Nachdem er seine Stellung erlangt hat, hat er Angst, sie zu verlieren. Wenn er Angst hat, sie zu verlieren, wird er alles tun, sie zu behalten. |

| Konfuzius | Der Edle kümmert sich nicht darum, wenn ihm die Anerkennung vorenthalten wird, denn er ist damit beschäftigt, Dinge zu tun, die Anerkennung verdienen. |

Gute Ansichten sind wertlos. Es kommt darauf an, wer sie hat. *Karl Kraus*

Das beste Mittel, um getäuscht zu werden, ist, sich für schlauer zu halten als andere. *François de François de La Rochefoucauld*

Wenn man die Ruhe nicht in sich selbst findet, ist es umsonst, sie anderswo zu suchen. *François de La Rochefoucauld*

Unsere Feinde kommen in ihren Urteilen über uns der Wahrheit näher als man selbst. *François de La Rochefoucauld*

Alle großen Männer sind bescheiden. *Gotthold Ephraim Lessing*

Die Menschen sind nicht immer, was sie scheinen. *Gotthold Ephraim Lessing*

Falsche Bescheidenheit ist Anmaßung. *Gotthold Ephraim Lessing*

Die Bescheidenheit müsste die Tugend derer sein, denen die anderen fehlen. *Georg Christoph Lichtenberg*

Jeder sieht, was du scheinst; wenige fühlen, was du bist. *Niccolò Machiavelli*

Der Mensch ist, ich gesteh es euch, ein böses Lebewesen. *Molière*

Jedermann hat gerade so viel Eitelkeit, als es ihm an Verstand fehlt. *Friedrich Nietzsche*

Charakter nennt man die Gebundenheit der Ansichten, durch Gewöhnung zum Instinkt geworden. *Friedrich Nietzsche*

Friedrich Nietzsche	Auf dem Markt glaubt niemand an höhere Menschen.
Friedrich Nietzsche	Du musst jeden Tag deinen Feldzug gegen dich selbst führen.
Novalis	Ein Charakter ist ein vollständig gebildeter Wille.
Johnson O'Connor	Spitzenmanager zeichnen sich durch drei Charakteristika aus: langsames Sprechen, eindrucksvolles Auftreten und völlige Humorlosigkeit.
Jean Paul	Große Seelen fallen am Ersten in Selbstverachtung.
Jim Rakete	Persönlichkeit ist die Summe aller Fähigkeiten abzüglich aller Eitelkeiten.
Antoine de Saint-Exupéry	Absurd der Begriff der Klasse, des Industriellen, des Ausbeuters. Es gibt nur Menschen. Die Verkündigung der Kategorie hatte hier schon alles verfälscht.
Friedrich Schiller	Der brave Mann denkt an sich selbst zuletzt, Vertrau auf Gott und rette den Bedrängten.
Johann Gottfried Seume	Wenn unser Charakter ausgebildet ist, fängt leider unsere Kraft an zusehends abzunehmen.
Angelus Silesius	Mensch, werde wesentlich: Denn wenn die Welt vergeht, so fällt der Zufall weg; das Wesen, das besteht.

Dem Hagelwetter läutet der Blitz voraus und dem Bescheidenen die Beliebtheit.	*Sirach 32,10*
Im Geschäftsleben ist keine Geistesgabe so erfolgreich wie eine gute, wenn auch geheime Meinung von sich selbst.	*Lord Philip Dormer Stanhope*
Ansehen ist der gute Ruf, den man genießt, weil viele schweigen.	*Lord Philip Dormer Stanhope*
Am besten erkennt man den Charakter eines Menschen bei Geldangelegenheiten, beim Trinken und beim Zorn.	*Talmud*
Ich bin ein Mensch: Nichts menschliches nenne ich mir fremd.	*Terenz*
Persönlichkeiten, nicht Prinzipien, bringen die Zeit in Bewegung.	*Oscar Wilde*
Nicht in dem, was man besitzt, in dem, was man ist, äußert sich die Persönlichkeit.	*Oscar Wilde*
Charakterlosigkeit ist ein Mythos, den biedere Individuen geschaffen haben, um damit die Faszinationskraft anderer Leute erklären zu können.	*Oscar Wilde*
Ein Gentleman ist ein Mann, der eine unfaire Handlung auch dann bedauert, wenn sie von Erfolg gekrönt war.	*Harold Wilson*

Thomas Woodrow Wilson Alle außergewöhnlichen Menschen, die ich je getroffen habe, waren ihrer eigenen Meinung nach gar nicht außergewöhnlich.

RUHESTAND

Niemand wird alt, indem er eine gewisse Anzahl von Jahren lebt. Man wird alt, indem man seine Ideale aufgibt. Jahre machen die Haut faltig, aber seine Begeisterung aufzugeben macht die Seele faltig.

Anonymus

Beachte immer, dass nichts bleibt, wie es ist, und denke daran, dass die Natur immer wieder ihre Formen wechselt.

Marc Aurel

Erfahrung ist das, was uns enthüllt, dass wir die Irrtümer der Jugend gegen die des Alters aufgegeben haben.

Ambrose Bierce

Das Leben ist wie ein geschicktes Zahnausziehen. Man denkt immer, das Eigentliche solle erst kommen, bis man plötzlich sieht, dass alles vorbei ist.

Otto von Bismarck

Alle Lebewesen außer dem Menschen wissen, dass der Hauptzweck des Lebens darin besteht, es zu genießen.

Samuel Butler

Sich zur Ruhe zu setzen ist der Beginn des Todes.

Pablo Casals

© Springer Fachmedien Wiesbaden GmbH, ein Teil von Springer Nature 2020
Springer Fachmedien Wiesbaden GmbH (Hrsg.), *Mitarbeitermotivation – treffend verpackt*,
https://doi.org/10.1007/978-3-658-31665-5_21

Nicolas Chamfort	Der Mensch tritt in jedes Alter als Novize ein.
Maurice Chevalier	Alter ist nicht so schlimm, wenn man sich die Alternativen überlegt.
Marie von Ebner-Eschenbach	Wenn wir aufhören, lebhaft zu hoffen, fangen wir an, uns lebhaft zu erinnern.
Marie von Ebner-Eschenbach	Alt werden, heißt sehend werden.
Theodor Fontane	Wir hören gerne das Lob dessen, was uns verloren ging. Sonderbar, indem es uns das Gefühl des Verlustes steigert, tröstet es uns.
Johann Wolfgang von Goethe	In der Beschränkung zeigt sich erst der Meister.
Johann Wolfgang von Goethe	Dass Du nicht enden kannst, das macht Dich groß.
Johann Wolfgang von Goethe	Der Alte verliert eins der größten Menschenrechte: er wird nicht mehr von seinesgleichen beurteilt.
Johann Wolfgang von Goethe	Man kann die Erfahrung nicht früh genug machen, wie entbehrlich man in der Welt ist.
Johann Wolfgang von Goethe	Das Alter ist ein höflich Mann, Ein übers andre klopft er an.
Johann Wolfgang von Goethe	Man meint immer, man müsse alt werden, um gescheit zu sein. Im Grunde aber hat man bei zunehmenden Jahren zu tun, sich so klug zu erhalten, als man gewesen ist.

Bei dem größten Verlust müssen wir sogleich umher-
schauen, was uns zu erhalten übrig bleibt.

Johann Wolfgang von Goethe

Wie wenig ist am Ende der Lebensbahn daran gelegen,
was wir erlebten, und wie unendlich viel, was wir daraus
machten.

Wilhelm von Humboldt

Gewiss ist es fast noch wichtiger, wie ein Mensch sein
eigenes Schicksal in die Hand nimmt, als wie sein
Schicksal ist.

Wilhelm von Humboldt

Wenn wir wollen, dass alles so bleibt wie es ist, müssen
wir zulassen, dass sich alles verändert.

Guiseppe Tomasi di Lampedusa

Wir gleiten ganz neu in die verschiedenen Lebensalter,
und wir ermangeln oft der Erfahrung, ungeachtet der Zahl
der Jahre.

François de La Rochefoucauld

Diejenigen, die gehen, fühlen nicht den Schmerz des
Abschieds. Der Zurückbleibende leidet.

Henry Wadsworth Longfellow

Wenn man genug Erfahrung gesammelt hat, ist man zu
alt, um sie auszunutzen.

William Somerset Maugham

Beim Abschied wird die Zuneigung zu den Sachen, die uns
lieb sind, immer ein wenig wärmer.

Michel de Montaigne

Was ist eigentlich alt? Was jung? Jung, wo die Zukunft
vorwaltet. Alt, wo die Vergangenheit die Übermacht hat.

Novalis

Ovid	Eilig schwindet die Zeit, unmerklich beschleicht uns das Alter, und die Tage entfliehen, da sie ein Zügel nicht hemmt.
Jean Paul	Das Alter ist nicht trübe, weil darin unsere Freuden, sondern weil unsere Hoffnungen aufhören.
Jean-Jacques Rousseau	Die Jugend ist die Zeit, Weisheit zu lernen, das Alter die Zeit, sie auszuüben.
Friedrich Rückert	Das Alter ist ein Schlimmer Gast, doch ehr' ihn, o Geselle.
George Santayana	Es gibt kein Mittel gegen Geburt oder Tod, außer die Zwischenzeit zu genießen.
Friedrich Schiller	Veränderung ist nur das Salz des Vergnügens.
Friedrich Schiller	Nur das Alter ist jung, ach! Und die Jugend ist alt.
Friedrich Schiller	Strebe nach Ruhe, aber durch das Gleichgewicht, nicht durch den Stillstand Deiner Tätigkeit.
Arthur Schopenhauer	Im Alter versteht man besser, die Unglücksfälle zu verhüten – in der Jugend, sie zu ertragen.
Sprichwort	Wenn einer in den Ruhestand tritt und ihn keine Zeitnot mehr bedrängt, schenken ihm seine Kollegen gewöhnlich eine Uhr.

Zeitverschwendung ohne Geldverschwendung – das ist die Herausforderung für den Ruhestand.

Sprichwort

Alles, was ich von meiner Beerdigung erwarte, ist, dass ich nicht lebendig begraben werde.

Lord Philip Dormer Stanhope

Das Leben verliefe viel glücklicher, wenn wir mit 80 geboren werden könnten und uns langsam auf die 18 zubewegten.

Mark Twain

Geist ist die Jugend des Alters.

Emanuel Wertheimer

Die Tragödie des Alters ist nicht, dass man alt ist, sondern, dass man jung ist.

Oscar Wilde

SOZIALE KOMPETENZ

Je vornehmer einer ist, desto höflicher behandelt er den Niedrigen.

Ludwig Börne

Lasset uns das heilige Mysterium einer Persönlichkeit mit Achtung behandeln! Rennet nicht ehrfurchtslos in eines Menschen innerstes Heiligtum!

Thomas Carlyle

Suche nicht andere, sondern Dich selbst zu übertreffen.

Cicero

Wenn Du auf Dein Leben zurückschaust, wirst Du feststellen, dass die Augenblicke, in denen Du wirklich gelebt hast, die Augenblicke waren, in denen Du aus einem Geist der Liebe heraus gehandelt hast.

Henry Drummond

Es gibt keinen besseren Grund, höflich zu sein, als die Überlegenheit.

Marie von Ebner-Eschenbach

© Springer Fachmedien Wiesbaden GmbH, ein Teil von Springer Nature 2020
Springer Fachmedien Wiesbaden GmbH (Hrsg.), *Mitarbeitermotivation – treffend verpackt*,
https://doi.org/10.1007/978-3-658-31665-5_22

Marie von Ebner-Eschenbach	Wenn jeder dem anderen helfen wollte, wäre allen geholfen.
Marie von Ebner-Eschenbach	Du wüsstest gern, was deine Bekannten von dir sagen? Höre, wie sie von Leuten sprechen, die mehr wert sind als du.
Marie von Ebner-Eschenbach	Nur die allergescheitesten Leute benützen ihren Scharfsinn zur Beurteilung nicht bloß anderer, sondern auch ihrer selbst.
Marie von Ebner-Eschenbach	Nichts ist schwerer als den gelten zu lassen, der uns nicht gelten lässt.
Marie von Ebner-Eschenbach	Die größte Nachsicht mit einem Menschen entspringt aus der Verzweiflung an ihm.
Ralph Waldo Emerson	Das Leben ist kurz, aber man hat immer Zeit für Höflichkeit.
Ralph Waldo Emerson	Versuche niemals, jemanden so zu machen, wie du selbst bist. Du solltest wissen, dass einer von deiner Sorte genug ist.
Ralph Waldo Emerson	Es ist eine der sonderbarsten Belohnungen im Leben, dass kein Mensch aufrichtig versuchen kann, einem anderen Menschen zu helfen, ohne sich selbst dabei etwas Gutes zu tun.
Ralph Waldo Emerson	Wir müssen tiefere Einsicht haben, sonst stoßen wir gegeneinander und verfehlen den Weg zur Sicherung unseres Lebens. Aber der kalte Verstand ist selbstsüchtig und unfruchtbar. Das Geheimnis des Erfolges in der Gesellschaft ist aber ein gewisser Zusammenklang von Herzlichkeit und Kontaktfähigkeit.

Das Leben hat mich gelehrt, dass alles auf die Menschen ankommt, nicht auf die so genannten Verhältnisse.

Theodor Fontane

Wenn es ein Geheimnis für den Erfolg gibt, so ist es dies: Den Standpunkt des anderen verstehen und die Dinge mit seinen Augen sehen.

Henry Ford

Wenn wir die Mitmenschen behandeln, wie sie sind, dann machen wir sie schlechter; wenn wir sie dagegen behandeln, als wären sie bereits das, was sie sein sollten, dann bringen wir sie dahin, wohin sie zu bringen sind.

Johann Wolfgang von Goethe

Willst Du glücklich sein im Leben, trage bei zu anderer Glück, denn die Freude, die wir geben, kehrt ins eigene Herz zurück.

Johann Wolfgang von Goethe

Wer die Menschen behandelt, wie sie sind, macht sie schlechter.
Wer die Menschen behandelt, wie sie sein könnten, macht sie besser.

Johann Wolfgang von Goethe

Mit Frauen sollte man sich nie unterstehen zu scherzen.

Johann Wolfgang von Goethe

Toleranz sollte eigentlich nur eine vorübergehende Gesinnung sein: Sie muss zur Anerkennung führen. Dulden heißt beleidigen.

Johann Wolfgang von Goethe

Man möge bedenken dass man andere ertragen soll, wie man selbst ertragen zu werden wünscht.

Jeremias Gotthelf

Man muss sich vor dem über Vorgesetzte hüten.

Balthasar Gracián y Morales

Adolf von Harnack	Nichts kann den Menschen mehr stärken, als das Vertrauen, das man ihm entgegenbringt.
Christian Friedrich Hebbel	Wer die Menschen kennen lernen will, der studiere ihre Entschuldigungsgründe.
Karl Immermann	Anerkennung braucht jedermann. Alle Eigenschaften können durch eine tote Gleichgültigkeit der Umgebung zugrunde gerichtet werden.
Samuel Johnson	Alles ist wertvoll, was den Umfang menschlicher Fähigkeiten erweitert und dem Menschen aufzeigt, dass er etwas tun kann, was er bis dahin für unmöglich hielt.
Konfuzius	Menschenliebe ist das Wesen der Sittlichkeit, Menschenkenntnis das Wesen der Weisheit.
Karl Kraus	Man kann eine Frau nicht hoch genug überschätzen.
Karl Kraus	Die Frau ist da, damit der Mann durch sie klug werde. Er wird es nicht, wenn er aus ihr nicht klug werden kann. Oder wenn sie zu klug ist.
François de La Rochefoucauld	Wenn wir keine Fehler hätten, würden wir nicht mit so großem Vergnügen Fehler an anderen entdecken.
François de La Rochefoucauld	Man sollte einen Menschen nicht nach seinen Vorzügen beurteilen, sondern nach dem Gebrauch, den er davon macht.

Die Gott verderben will, schlägt er zuvor mit Wahnsinn. *François de La*
Wir mögen immer die, die uns bewundern, aber nicht *Rochefoucauld*
immer die, die wir bewundern.

Es gibt unendlich viel Arten des Benehmens, welche *François de La*
lächerlich erscheinen und deren verborgene Gründe doch *Rochefoucauld*
sehr klug und fest sind.

Selbstvertrauen ist die Quelle des Vertrauens zu anderen. *François de La*
Rochefoucauld

Wohltaten hören auf, Wohltaten zu sein, wenn man sucht, *Gotthold*
sich für sie bezahlt zu machen. *Ephraim*
Lessing

Wie es selten Komplimente gibt ohne Lüge, so finden sich *Gotthold*
auch selten Grobheiten ohne alle Wahrheit. *Ephraim*
Lessing

Ich habe immer gefunden, die so genannten schlechten *Georg Christoph*
Leute gewinnen, wenn man sie näher kennen lernt, und *Lichtenberg*
die guten verlieren.

Wer seine Talente nicht zur Belehrung und Besserung *Georg Christoph*
anderer anwendet, ist entweder ein schlechter Mann oder *Lichtenberg*
ein äußerst eingeschränkter Kopf.

Dankbarkeit ist das Gedächtnis des Herzens. *Jean Baptiste*
Massieu

Du Heuchler, ziehe am Ersten den Balken aus deinem *Matthäus 7, 5*
Auge! Darnach besiehe, wie du den Splitter aus deines
Bruders Auge ziehest!

Christian Morgenstern	Lachen und Lächeln sind Tür und Pforte, durch die viel Gutes in den Menschen hineinhuschen kann.
Christian Morgenstern	Einander kennen lernen heißt lernen, wie fremd man einander ist.
Napoleon Bonaparte	Fürchte nicht die, die nicht mit Dir übereinstimmen, sondern die, die nicht mit Dir übereinstimmen und zu feige sind, es Dir zu sagen.
Friedrich Nietzsche	Nicht gegen den, der uns zuwider ist, sind wir am unbilligsten, sondern gegen den, welcher uns gar nichts angeht.
Friedrich Nietzsche	Man darf wohl eine Bitte abweisen, aber nimmermehr darf man einen Dank abweisen oder, was dasselbe ist, ihn kalt und konventionell annehmen. Dies beleidigt tief.
Jean Paul	Leichter gönnen sogar gute Menschen dem anderen jedes Glück, sogar das unverdiente, aber nie das unverdiente Lob.
Pythagoras	Der Mensch ist das Maß aller Dinge.
Walther Rathenau	Wenn du Menschen beurteilst, so frage nicht nach den Wirkungen, sondern nach den Ursachen der Fehler, die sie machen.
John D. Rockefeller	Was mich anbetrifft, so zähle ich für die Fähigkeit, Menschen richtig zu behandeln, mehr als für irgendeine andere auf der ganzen Welt.

Toleranz heißt: die Fehler der anderen entschuldigen.
Takt heißt: sie nicht bemerken.

Arthur
Schnitzler

Höflichkeit ist, wie die Rechenpfennige, eine offenkundig
falsche Münze: mit einer solchen sparsam zu sein,
beweist Unwissen; hingegen Freigebigkeit mit ihr
Verstand.

Arthur
Schopenhauer

Höflichkeit ist wie ein Luftkissen: es mag wohl nichts
drin sein, aber es mildert die Stöße des Lebens.

Arthur
Schopenhauer

Ein angeknurrter Hund knurrt wieder, ein geschmeichel-
ter schmeichelt zurück.

Arthur
Schopenhauer

Um fremden Wert willig und frei anzuerkennen und
gelten zu lassen, muss man eigenen haben.

Arthur
Schopenhauer

Die Menschen sind zu Tadeln aufgelegt, weil sie sich
durch dieses indirekt selbst loben.

Arthur
Schopenhauer

Vertrauen ist für alle Unternehmungen das große Be-
triebskapital, ohne welches kein nützliches Werk auskom-
men kann. Es schafft auf allen Gebieten die Bedingungen
gedeihlichen Geschehens.

Albert
Schweitzer

Si vis amari, ama.
(Wenn Du geliebt werden willst, liebe.)

Seneca

Gott schuf ihn, also lasst ihn für einen Menschen gelten.

William
Shakespeare

| William Shakespeare | Miss nicht den Nächsten nach dem eigenen Maß! |

| Talmud | Verurteile keinen, ehe Du in seiner Lage warst. |

| Iwan Turgenjew | Wir beschäftigen uns mit großem Eifer mit uns selbst und bilden uns hinterher ein, die Menschen zu kennen. |

William Shakespeare

Miss nicht den Nächsten nach dem eigenen Maß!

Talmud

Verurteile keinen, ehe Du in seiner Lage warst.

Iwan Turgenjew

Wir beschäftigen uns mit großem Eifer mit uns selbst und bilden uns hinterher ein, die Menschen zu kennen.

Vauvenargues

Man kann nicht gerecht sein, wenn man nicht menschlich ist.

Vauvenargues

Nur wenige Menschen sind bescheiden genug, um zu ertragen, dass man sie richtig einschätzt.

Vauvenargues

Es ist ein Zeichen von Mittelmäßigkeit, nur mäßig zu loben.

Oscar Wilde

An dem Kummer eines Freundes teilzunehmen, ist leicht, aber es bleibt das Zeichen einer außergewöhnlichen Natur, sich an den Erfolgen des Freundes mitfreuen zu können.

Oscar Wilde

Die anderen sind unausstehlich. Die einzige mögliche Gesellschaft ist man selbst.

VERANTWORTUNG

Jedermanns Verantwortung ist niemandes Verantwortung. *Anonymus*

Eine Kapitalgesellschaft ist eine raffinierte Einrichtung zur persönlichen Bereicherung ohne persönliche Verantwortung. *Ambrose Bierce*

Die Scheu vor Verantwortung ist die Krankheit unserer Zeit. *Otto von Bismarck*

Was alle berührt, muss auch von allen gebilligt werden. *Bonifatius VIII.*

Jeder ist für seine Dummheit selbst verantwortlich. *Dietrich Bonhoefer*

Der Preis der Größe heißt Verantwortung. *Sir Winston Churchill*

Videant consules, ne quid detrimenti res publica capiat. (Die Konsuln mögen darauf sehen, dass der Staat keinen Schaden nehme.) *Cicero*

© Springer Fachmedien Wiesbaden GmbH, ein Teil von Springer Nature 2020
Springer Fachmedien Wiesbaden GmbH (Hrsg.), *Mitarbeitermotivation – treffend verpackt*,
https://doi.org/10.1007/978-3-658-31665-5_23

| Henry Ford | Der oberste Zweck des Kapitals ist nicht, mehr Geld zu schaffen, sondern zu bewirken, dass das Geld sich in den Dienst der Verbesserung des Lebens stellt. |

| Gustav Freytag | Sein Glück darin zu finden, für das Glück anderer zu sorgen! Wer diesen Egoismus hat, für den ist es keine Kunst, glücklich zu sein. |

| Gesta Romanorum 103 | Was du auch tust, tu es mit kluger Vorsicht und nimm Rücksicht auf das Ende. |

| Samuel Gompers | Das schlimmste Verbrechen gegen die Arbeiterklasse ist ein Unternehmen, dass es nicht schafft, Gewinne zu erwirtschaften. |

| Horaz | Was immer die Könige Wahnwitziges unternehmen, die Achäer [das heißt: das gemeine Volk] haben dafür die Strafe zu zahlen. |

| Johannes 10,11 | Der gute Hirte lässt sein Leben für die Schafe. |

| Rudyard Kipling | Wir haben vierzig Millionen Gründe für Misserfolge, jedoch nicht eine einzige Entschuldigung. |

| Laotse | Verantwortlich ist man nicht nur für das, was man tut, sondern auch für das, was man nicht tut. |

| Molière | Wir sind nicht nur für das verantwortlich, was wir tun, sondern auch für das, was wir nicht tun. |

Niemand hat mir Schaden zugefügt außer ich mir selber.

Napoleon Bonaparte

Principiis obsta!
(Wehret den Anfängen!)

Ovid

Ethik ist ins Grenzenlose erweiterte Verantwortung gegenüber allem, was lebt.

Albert Schweitzer

Freiheit bedeutet Verantwortlichkeit. Das ist der Grund, weshalb die meisten Menschen sich vor ihr fürchten.

George Bernard Shaw

Wir werden nicht durch die Erinnerung an unsere Vergangenheit weise, sondern durch die Verantwortung für unsere Zukunft.

George Bernard Shaw

Quidquis agis, prudenter agas et respice finem.
(Was auch immer Du tust, tue es klug und denke daran, wie es ausgeht.)

Lateinisches Sprichwort

Im Schützengraben der Verantwortlichkeit hat man mehr Verluste als in der Etappe der Opposition.

Gustav Stresemann

Wenige Dinge helfen einem Menschen mehr als ihm Verantwortung zu übertragen und ihn wissen zu lassen, dass man ihm vertraut.

Booker T. Washington

Verantwortungen werden immer dann zu groß, wenn man sich ihnen entziehen will.

Jakob Wassermann

VERHALTENS-REGELN

Blicke in dein Inneres! Da drinnen ist eine Quelle des Guten, die niemals aufhört zu sprudeln, solange du nicht aufhörst nachzugraben.

Marc Aurel

Wenn ein Mensch gütig und höflich ist, beweist er, dass er ein Weltbürger ist.

Francis Bacon

Mache das Beste aus dir, denn das ist alles, was du hast.

Ralph Waldo Emerson

Gute Manieren erfordern Zeit – denn nichts ist vulgärer als Überstürzung.

Ralph Waldo Emerson

Mache dir selbst zuerst klar, was du sein möchtest; und dann tue, was du zu tun hast.

Epiktet

© Springer Fachmedien Wiesbaden GmbH, ein Teil von Springer Nature 2020
Springer Fachmedien Wiesbaden GmbH (Hrsg.), *Mitarbeitermotivation – treffend verpackt*,
https://doi.org/10.1007/978-3-658-31665-5_24

François de La Rochefoucauld Oft kann ein Benehmen lächerlich wirken, und doch sind die verborgenen Gründe dafür stichhaltig und überlegt.

VERNUNFT

Das vollkommene Leben ist nur den Vernünftigen und Besonnenen zuzuerkennen.

Aristoteles

Der Mensch aber bekommt von der Natur Vernunft und Willen als Waffen mit, die er zu ganz entgegengesetzten Zwecken gebrauchen kann.

Aristoteles

Alles, was aus Vernunft geschieht, muss seine Regeln haben.

Jean-Jacques Rousseau

Die Vernunft formt den Menschen, das Gefühl leitet ihn.

Jean-Jacques Rousseau

© Springer Fachmedien Wiesbaden GmbH, ein Teil von Springer Nature 2020
Springer Fachmedien Wiesbaden GmbH (Hrsg.), *Mitarbeitermotivation – treffend verpackt*,
https://doi.org/10.1007/978-3-658-31665-5_25

WISSEN

Weise Menschen lernen aus den Fehlern der anderen, Narren aus ihren eigenen.

Anonymus

Wir ertrinken in Informationen und hungern nach Wissen.

Anonymus

Zum steten Lernen bleibt auch das Alter jung.

Aischylos

Wahres Wissen, wie alles andere, was wertvoll ist, kann nicht leicht erlangt werden. Man muss dafür arbeiten, denken, studieren und vor allem beten.

Thomas Arnold

Nichts macht den Menschen argwöhnischer als wenig zu wissen. Wissen ist Macht.

Francis Bacon

Die Erinnerungen verschönen das Leben, aber das Vergessen allein macht es erträglich.

Honoré de Balzac

© Springer Fachmedien Wiesbaden GmbH, ein Teil von Springer Nature 2020
Springer Fachmedien Wiesbaden GmbH (Hrsg.), *Mitarbeitermotivation – treffend verpackt*,
https://doi.org/10.1007/978-3-658-31665-5_26

Ambrose Bierce	Wissen nennen wir jeden Teil unserer Unwissenheit, den wir geordnet und katalogisiert haben.
Josh Billings	Wissen ist wie Geld: Je mehr man bekommt, desto mehr will man davon haben.
Josh Billings	Unwissenheit ist die Amme des Vorurteils.
Benjamin Britten	Lernen ist wie Rudern gegen den Strom. Sobald man aufhört, treibt man zurück.
Andrew Carnegie	Das einzige unersetzliche Kapital, das eine Organisation besitzt, ist das Wissen und die Fähigkeiten seiner Mitarbeiter. Die Produktivität dieses Kapitals hängt davon ab, wie effektiv die Mitarbeiter ihre Kompetenzen mit denen teilen, denen sie nützen.
George Chapman	Unwissenheit ist die Mutter der Bewunderung.
Matthias Claudius	Sage nicht alles, was Du weißt, aber wisse immer, was Du sagst.
Arthur Hugh Clough	Gnade wird von Gott gegeben, aber Wissen wird am Markt geboren.
René Descartes	Alles Wissen besteht in einer sicheren und klaren Erkenntnis.
Denis Diderot	Unwissenheit ist nicht so weit von der Wahrheit entfernt wie Vorurteile.

Zu erkennen, dass man die Fakten ignoriert, ist ein großer Schritt in Richtung Weisheit.	*Benjamin Disraeli*
Alles Wissen geht aus einem Zweifel hervor und endigt in einem Glauben.	*Marie von Ebner-Eschenbach*
Wer nichts weiß, muss alles glauben.	*Marie von Ebner-Eschenbach*
Alt werden, heißt sehend werden.	*Marie von Ebner-Eschenbach*
Das Verständnis reicht oft viel weiter als der Verstand.	*Marie von Ebner-Eschenbach*
Wenn die Neugier sich auf ernsthafte Dinge richtet, dann nennt man sie Wissensdrang.	*Marie von Ebner-Eschenbach*
Neugier ist wichtiger als Wissen.	*Albert Einstein*
Fantasie ist wichtiger als Wissen.	*Albert Einstein*
Niemand urteilt schärfer als der Ungebildete. Er kennt weder Gründe noch Gegengründe und glaubt sich immer im Recht.	*Ludwig Feuerbach*
Eine Investition in Wissen bringt immer noch die besten Zinsen.	*Benjamin Franklin*
Die Stimme der Vernunft ist leise.	*Sigmund Freud*

Gustav Freytag	Ein Mensch kann nicht alles wissen, aber etwas muss jeder haben, was er ordentlich versteht.
Johann Wolfgang von Goethe	Es ist nicht genug, zu wissen, man muss es auch anwenden. Es ist nicht genug, zu wollen, man muss es auch tun.
Johann Wolfgang von Goethe	Es ist nichts schrecklicher als eine tätige Unwissenheit.
Johann Wolfgang von Goethe	Bilde mir nicht ein, was Rechts zu wissen, Bilde mir nicht ein, ich könnte was lehren, Die Menschen zu bessern und zu bekehren.
Johann Wolfgang von Goethe	Die beste Bildung findet ein gescheiter Mann auf Reisen.
Johann Wolfgang von Goethe	Allwissend bin ich nicht; doch viel ist mir bewusst.
Julien Green	Das Vergessen ist eine Wahl, dank der allein das Wesentliche übrig bleibt.
William Hazlitt	Das Vorurteil ist das Kind der Unwissenheit.
Christian Friedrich Hebbel	Alle Bildung reduziert sich auf den Unterschied von Kategorien.
Thomas Jefferson	Ehrlichkeit ist das erste Kapitel im Buch der Weisheit.
Samuel Johnson	Es gibt zwei Arten von Wissen: das Wissen über eine Sache an sich und das Wissen, wo wir Informationen darüber finden können.

Logik ist weder eine Wissenschaft, noch eine Kunst, sondern ein Trick.

Benjamin Jowett

Alles Wissen stammt aus der Erfahrung.

Immanuel Kant

Irrtümer entspringen nicht allein daher, weil man gewisse Dinge nicht weiß, sondern weil man sich zu urteilen unternimmt, obgleich man doch nicht alles weiß, was dazu erfordert wird.

Immanuel Kant

Gedanken ohne Inhalt sind leer, Anschauungen ohne Begriffe sind blind.

Immanuel Kant

Wenn du etwas sagst, dann sage, was du weißt. Wenn du nichts weißt, dann sage, dass du nichts weißt. Das ist Wissen.

Konfuzius

Bildung ist das, was die meisten empfangen, viele weitergeben und wenige haben.

Karl Kraus

Wenn du Wissen erlangen willst, füge jeden Tag etwas hinzu. Wenn du Weisheit erlangen willst, nimm jeden Tag etwas weg.

Laotse

Um die Dinge recht zu kennen, muss man ihre Einzelheiten kennen, und da diese fast unzählig sind, bleibt unser Wissen immer oberflächlich und unvollkommen.

François de La Rochefoucauld

Jeder klagt über sein mangelhaftes Gedächtnis, aber niemand über seinen mangelhaften Verstand.

François de La Rochefoucauld

Menander	Bildung ist ein unentreißbarer Besitz.
Michel de Montaigne	Meist leisten wir nichts, als dass wir die Meinungen und das Wissen anderer in Verwahrung nehmen: Das Wesentliche aber wäre, dass wir uns diese Dinge aneignen.
Robert Musil	Wer nicht weiß, was er selber will, muss wenigstens wissen, was die anderen wollen.
John Naisbitt	Die neue Quelle der Macht ist nicht mehr Geld in der Hand von wenigen, sondern Information in den Händen von vielen.
John Naisbitt	Wir ertrinken in Informationen, aber wir hungern nach Wissen.
Napoleon Bonaparte	Ein Kopf ohne Gedächtniskraft ist eine Festung ohne Besatzung.
Isaac Newton	Was wir wissen ist ein Tropfen, was wir nicht wissen, ein Ozean.
Friedrich Nietzsche	Die Überzeugung ist der Glaube, in irgendeinem Punkt der Erkenntnis im Besitz der Wahrheit zu sein.
Friedrich Nietzsche	Nur wer weiß, wohin er fährt, weiß auch, welcher Wind gut ist.
Blaise Pascal	Da man nicht universal sein und alles wissen kann, was von allem gewusst werden kann, muss man ein wenig von allem wissen.

Neunzig Prozent der Weisheit bestehen darin, zum richtigen Zeitpunkt weise zu sein.

Theodore Roosevelt

Die meisten und schlimmsten Übel, die der Mensch dem Menschen zugefügt hat, entsprangen dem felsenfesten Glauben an die Richtigkeit falscher Überzeugungen.

Bertrand Russell

Je mehr man schon weiß, je mehr hat man noch zu lernen. Mit dem Wissen nimmt das Nichtwissen in gleichem Grade zu, oder vielmehr das Wissen des Nichtwissens.

Friedrich Schlegel

Alles beurteilen zu wollen, ist eine große Verirrung oder eine kleine Sünde.

Friedrich Schlegel

Man lernt nur dann und wann etwas, aber man vergisst den ganzen Tag.

Arthur Schopenhauer

Dünke dich nicht zu weise, um eine Arbeit zu verrichten.

Sirach 10, 26

Besser ist's, Weisheit zu erwerben als Gold, und erwünschter, Einsicht zu erwerben als Silber.

Sprüche 16, 16

Ich werde alt und lerne stets noch vieles hinzu.

Solon

Wenn du kannst, sei klüger als andere Leute, aber erzähl es ihnen nicht.

Lord Philip Dormer Stanhope

Wer keine Bücher liest hat auch keinen Vorteil demgegenüber, der sie nicht lesen kann.

Mark Twain

Mark Twain	Bildung ist das, was übrig bleibt, wenn der letzte Dollar weg ist.
Vauvenargues	Man darf die Menschen nicht danach beurteilen, was sie nicht wissen, sondern danach, was sie wissen und wie sie es wissen.
Oscar Wilde	Die Alten glauben alles, die mittleren Alters bezweifeln alles, die Jungen wissen alles.
Thornton Wilder	Das Gedächtnis ist der Diener unserer Interessen.
Xenophanes	Selbst wenn es einem einst glückt, die vollkommenste Wahrheit zu künden, wissen kann er sie nie: Es ist alles durchweht von Vermutungen.

AUTORENVERZEICHNIS

© Springer Fachmedien Wiesbaden GmbH, ein Teil von Springer Nature 2020
Springer Fachmedien Wiesbaden GmbH (Hrsg.), *Mitarbeitermotivation – treffend verpackt*,
https://doi.org/10.1007/978-3-658-31665-5

Disraeli, Benjamin; englischer
Schriftsteller und Politiker,
1804 - 1881 191, 42, 70, 102
Doderer, Heimito von;
österreichischer Schriftsteller,
1896 - 1966 70
Dönhoff, Marion Gräfin; deutsche
Journalistin, 1909 - 2002 88
Dostojewski, Fjodor
Michaijlowitsch; russischer
Schriftsteller, 1821 - 1881 71
Dostojewski, Fjodor
Michaijlowitsch; russischer
Schriftsteller, 1821 - 1881 150
Drucker, Peter F., amerikanischer
Ökonom, 1909 - 2005 108, 119
Drummond, Henry; schottischer
Autor, 1851 - 1897 173
Dumas, Alexandre der Ältere;
französischer Schriftsteller,
1802 - 1870 119
Dürer, Albrecht; deutscher Maler,
1471 - 1528 71

E

Ebner-Eschenbach, Marie von;
österreichische Schriftstellerin,
1830 - 1916 8, 16, 28, 191, 191, 60,
52, 34, 42, 71, 71, 102, 88, 108,
109, 71, 119, 130, 139, 159, 139,
173, 168, 159, 174
Edison, Thomas Alva;
amerikanischer Erfinder, 1847 -
1931 130
Edison, Thomas Alva;
amerikanischer Erfinder, 1847 -
1931 53, 89, 130, 139
Einstein, Albert; deutscher Physiker,
1879 - 1955 16, 191, 191, 72, 89,
102, 89, 159

Eisenhower, Dwight;
amerikanischer Politiker, 1890 -
1969 109
Emerson, Ralph Waldo;
amerikanischer Philosoph und
Schriftsteller, 1803 - 1882 8, 16,
60, 72, 102, 109, 119, 139, 150,
159, 174, 185
Engel, Johann Jakob; deutscher
Schriftsteller und Philosoph,
1741 - 1802 53
Epiktet; griechischer Philosoph, 50 -
125 n. Chr. 34, 72, 120, 160, 185
Erhard, Ludwig, deutscher Politiker,
1897 - 1977 53
Eschenbach, Wolfram von;
deutscher Dichter, um 1170 -
1220 16
Euripides; griechischer
Bühnendichter, 480 - 406 v. Chr.
16, 34, 65, 72, 102, 139

F

Fayol, Henri; französischer
Ingenieur, 1841 - 1925 109
Fénélon, Franßois de; französischer
Erzbischof und Schriftsteller,
1651 - 1715 16
Feuchtersleben, Ernst Freiherr von;
österreichischer Philosoph,
1806 - 1849 89
Feuerbach, Anselm; deutscher
Maler, 1829 - 1880 120
Feuerbach, Ludwig; deutscher
Philosoph, 1804 - 1872 34, 191,
34, 139
Fichte, Johann Gottlieb; deutscher
Philosoph, 1762 - 1814 34, 89,
120

Fields, W. C.; amerikanischer
Schauspieler, 1880 - 1946 61
Fontane, Theodor; deutscher
Schriftsteller, 1819 - 1898 16, 17,
35, 72, 73, 89, 120, 139, 140, 150,
168, 175
Forbes, B. C.; schottischer Journalist
und Publizist, 1880 - 1954 140
Forbes, Malcolm; schottischer
Journalist und Publizist, 1917 -
1990 120
Ford, Henry; amerikanischer
Unternehmer, 1863 - 1947 28, 35,
53, 109, 131, 160, 175, 182
Ford, Tom; amerikanischer
Modedesigner, 1961 160
France, Anatole; französischer
Schriftsteller, 1844 - 1924 53
Franklin, Benjamin; amerikanischer
Staatsmann und Philosoph,
1706 - 1790 8, 191, 42, 53, 109,
120, 131, 140, 160
Freud, Sigmund; österreichischer
Arzt und Psychologe, 1856 - 1939
191, 120, 140
Freytag, Gustav; deutscher
Schriftsteller, 1816 - 1895 192,
102, 182
Friedrich August III. von Sachsen;
deutscher Kurfürst und König,
1750 - 1827 131
Friedrich der Groüe; deutscher
Kurfürst, 1712 - 1786 120, 140,
150
Friedrich der Schöne von
Österreich; österreichischer
Herzog, 1289 - 1330 17
Frost, Robert Lee; amerikanischer
Dichter, 1874 - 1963 110

Fuller, Thomas; englischer
Historiker, 1608 - 1661 17, 73,
102, 110, 120

G

Garfield, James A.; amerikanischer
Politiker, 1831 - 1881 35
Geibel, Emanuel; deutscher
Schriftsteller, 1815 - 1884 140
Geneen, Harold S.; amerikanischer
Unternehmer, 1910 - 1997 28
Gesta Romanorum 182
Gide, André; französischer
Schriftsteller, 1869 - 1951 131,
150
Gilbey, Sir Walter; englischer
Kaufmann, 1831 - 1914 120
Ginsberg, Henry; amerikanischer
Filmproduzent, 1897 - 1979 73
Goethe, Johann Wolfgang von;
deutscher Schriftsteller, 1749 -
1832 8, 17, 18, 28, 35, 192, 53, 43,
61, 54, 73, 74, 89, 90, 74, 103, 90,
110, 121, 122, 131, 140, 141, 151,
160, 151, 168, 160, 161, 168, 169,
175
Goeudevert, Daniel; französischer
Literat und Manager, 1942 18,
110, 122
Goldsmith, Oliver; irischer
Schriftsteller, 1728 - 1774 18
Gompers, Samuel; amerikanischer
Gewerkschaftsführer, 1820 -
1924 182
Gorki, Maxim; russischer
Schriftsteller, 1868 - 1936 151
Gotthelf, Jeremias; österreichischer
Schriftsteller, 1797 - 1854 122,
151, 175

K

L

Lenin; russischer Politiker, 1870 -
1924 124
Leopardi, Comte Giacomo;
italienischer Philosoph und
Dichter, 1798 - 1837 20
Lessing Gotthold Ephraim;
deutscher Dichter und
Philosoph, 1729 - 1781 20, 29, 77,
78, 92, 112, 142, 163, 177
Leuthold, Heinrich, schweizerischer
Dichter, 1827 - 1879 62
Levi-Strauss, Claude; französischer
Ethnologe, 1908 78
Lewis, Jerry; amerikanischer
Entertainer und Schauspieler,
1926 112
Lichtenberg, Georg Christoph;
deutscher Schriftsteller und
Physiker, 1742 - 1799 20, 21, 37,
38, 46, 47, 78, 92, 124, 133, 142,
163, 177
Lincoln, Abraham; amerikanischer
Politiker, 1809 - 1865 10, 21, 78,
104, 124, 143
Livius; römischer
Geschichtschreiber, um 59 - 17 n.
Chr. 133
Locke, John; englischer Philosoph,
1632 - 1704 38, 92
Lombardi, Vince; amerikanischer
Footballtrainer, 1913 - 1970 143
London, Jack; amerikanischer
Schriftsteller, 1876 - 1916 104,
143
Longfellow, Henry Wadsworth;
amerikanischer Schriftsteller,
1807 - 1882 47, 169
Lord Byron; englischer Dichter,
1788 - 1824 60, 138

Lowell, James Russell;
amerikanischer Dichter, 1819 -
1891 29, 78
Lucilius, Gaius; römischer Dichter,
180 - 103 v. Chr. 38
Lukrez; römischer Dichter und
Philosoph, um 97 - 55 v. Chr. 143
Luther, Martin; deutscher Mönch,
Theologe und Reformator, 1483 -
1546 21, 55, 78, 152

M

Machiavelli, Niccol; italienischer
Geschichtsphilosoph, 1469 - 1527
10, 56, 62, 104, 112, 124, 125, 163
Magee, William Connor; irischer
Geistlicher, 1821 - 1891 47
Maistre, Comte Joseph Marie de;
französischer Philosoph, 1754 -
1821 21
Mao Tse-Tung; chinesischer
Politiker, 1893 - 1976 56
Marcuse, Ludwig; deutscher
Philosoph und Schriftsteller,
1894 - 1971 62
Marden, Orison Swett;
amerikanischer Schriftsteller,
1850 - 1924 143
Massary, Fritzi; österreichische
Sängerin und Schauspielerin,
1882 - 1969 63, 92
Massieu, Jean Baptiste;
französischer Geistlicher, 1743 -
1818 177
Matthäus 5, 7, 9, 11, 12, 14, 15, 21, 23,
24, 28, 34, 37, 63, 78, 112, 125, 133,
143, 177

O

O'Connor, Johnson; amerikanischer Wissenschaftler, 1891 - 1973 113, 164

Oetinger, Friedrich; deutscher Verleger, 1907 - 1986 38

Ogilvy, John; Jesuit, 1579 - 1615 47

Ortega y Gasset, José; spanischer Kulturphilosoph, 1883 - 1955 30

Osler, Sir William; englischer Mediziner, 1849 - 1919 80

Ovid; römischer Dichter, 43 v. Chr. - ca. 17 n. Chr. 11, 38, 105, 144, 170, 183

Owen, Robert; walisischer Sozialreformer und Unternehmer, 1771 - 1858 81

P

Pareto, Vilfredo; italienischer Soziologe und Wirtschaftswissenschaftler, 1848 - 1923 47

Parkinson, Cyril Northcote; englischer Publizist, 1909 - 1993 81

Pascal, Blaise; französischer Philosoph, 1623 - 1662 11, 194, 56, 81, 81, 105, 99, 113

Pasteur, Louis; französischer Wissenschaftler, 1822 - 1895 144

Paul, Jean; deutscher Schriftsteller, 1763 - 1825 11, 47, 81, 93, 113, 134, 153, 164, 170, 178

Paulus 22, 93

Peale, Normann Vincent; amerikanischer Pfarrer und Autor, 1898 - 1993 144

Pestalozzi, Johann Heinrich; schweizerischer Pädagoge, 1746 - 1827 39, 113

Peter der Große; russischer Zar, 1672 - 1725 36

Petrarca, Francesco; italienischer Dichter, 1304 - 1374 81

Philipper 93

Philipper 4, 8 22

Planck, Max; deutscher Physiker, 1858 - 1947 56

Platen, August von; deutscher Dichter, 1796 - 1835 93

Platon; griechischer Philosoph, 427 - 347 v. Chr. 22, 63, 81, 144

Plinius, d. J.; römischer Senator und Schriftsteller, um 61 - 115 n. Chr. 153

Plutarch; griechischer Philosoph, 46 - 120 n. Chr. 47, 94, 125

Pope, Alexander; englischer Dichter und Schriftsteller, 1688 - 1744 82, 125

Prediger 56

Properz; römischer Elegiker, um 47 - 15 v. Chr. 134

Proust, Marcel; französischer Schriftsteller, 1871 - 1922 30, 82

Publilius Syrus; römischer Schriftsteller, 1. Jhd. v. Chr. 30, 48, 82, 113, 153

Pythagoras; griechischer Philosoph, 570 - 496 v. Chr. 82, 178

Q

Quincy, Josiah; amerikanischer Politiker, 1859 - 1919 144

Quintilian; römischer Rhetoriker, 35 - 96 n. Chr. 22, 30, 82